「社内講師力」トレーニング

一般社団法人日本プロフェッショナル人財開発支援協会　理事
濱野康二三・藤本剛士・窪田晃和

自信を高める
10のテクニック

生産性出版

はじめに

この本を手にしたあなたは、すでに社内講師として活躍されている、もしくは社内講師に指名されて講師力を高めなければいけないけれども、どこから何をどのように磨けば良いのか悩まれている状況だと思います。

この本はそんなあなたの悩みを解消し、講師力のベースを高めていくためにつくらせていただきました。

私たち（濱野、藤本、窪田）は、プロの研修講師として15年、多くの企業様の研修担当実績があり、現在は日本の企業教育のレベルアップに向けて、社内講師や社外プロ講師の養成を軸に活動しています。

その経験を通じて体系化した「社内講師力」トレーニングをわかりやすくまと

めたものです。あなたが社内講師としての自信を深め、さらなるレベルアップの一助になることを確信しています。

そうは言っても社内講師という役割に抵抗がある方は、まず次の藤本のエピソードを読んでみてください。

私が講師業に転身する前、20歳代のころの話です。その当時、私は、家庭のトイレやキッチンなど、水回り設備のメンテナンスを請け負う仕事に従事していました。実際に仕事に就くまでは、壊れた製品を淡々と修理していればいいのだろうと思っていたのですが、この仕事の実態はクレーム処理そのものだったのです。

製品の品質の問題、施工の仕方、あるいは、営業がきちんと説明していなかったことが原因で、お客様が困ることが多くあります。そうしたクレームがあるときに呼ばれるのが、メンテナンス部隊です。

私が施工したわけでも、私が製品を販売したわけでもないのに、お客様のお宅にお伺いすると文句や小言をもらいます。ときには怒りをぶつけられることも。一生懸命修理して不具合がすっかり直っても、感謝されることは稀なのです。

仕事には一生懸命に取り組んでいたものの、報われることが少ない毎日に嫌気がさし、「この仕事は陽の当たらない立場だ。メーカーや営業の尻拭いばかりやらされる、さっさと辞めてしまいたい」。そんなことばかり考えていました。

ところが、3年目を迎えたころ、私に大きな転機が訪れます。生まれて初めて受けることになった外部研修に参加したことが、それまでの考え方を180度変えるきっかけになったのです。

「あなたの仕事は何をすることですか」

と講師から問いかけられたときも、自分の仕事を作業的にとらえていた当時の私は、

「壊れた製品を修理することです」

とだけ答えました。それに対して、

「本当にそうでしょうか?」

と問い返してきた講師の真意がわからず、

「メンテナンスの仕事に修理以外の何があるというのか」

と反発を感じたのを覚えています。そんな私が、研修を通じて徐々に変化して

いきました。とくに大きかったのが、メンテナンスが目指すのはお客様の満足であって、その点においてメーカーや営業がやろうとしていることと同じであるという気づきです。

それまで私は、メンテナンスの仕事を「尻拭いばかりやらされる損な役回り」と考え、メーカーや営業に悪態をつき、お客様に向き合うことを避けていました。それがどれだけ私自身の成長を妨げ、自らの役割を貶《おとし》め、お客様との貴重な絆を損なってきたのか思い知ったのです。

メーカーや営業、施工者とメンテナンス部隊が一体になって、お客様に100%の満足をお届けするのが私たちの仕事であり、メーカーや営業と対立するのは愚かなことです。みんなが協力して一人ひとりの役割を果たすことで、大きな目標に向かっていくことができます。中でも、メンテナンスの仕事は決して尻拭いなどではなく、お客様の不満や怒りというマイナス感情をプラス感情に変えられる最後の砦として存在し、メーカーや営業にはできない修理に携わる者だけに課せられた重要な役割だったと知るのです。

これ以降、自分の仕事に対する私の役割についての認識が、大きく変わりました。修理という作業そのものに固執するのではなく、自分の作業を通じてお客様が困っていることを解消し、喜んでもらい、結果としてファンになっていただくことこそ自分の役割だというポジティブなとらえ方になったのです。それによって、やり方がガラリと変わったのです。

まず、お客様のところに訪問したときの態度からして違います。メンテナンス部隊に出番が回ってくるということは、機械が故障してお客様の生活に不便が生じている状態ですから、お客様の虫の居所が悪いのは当然です。

そこにメンテナンスが伺えば、嫌味のひと言も言いたくなるのが人情というもの。そういうお客様の不満や怒りのはけ口になることを避けたくて、以前の私はお客様とろくに目を合わせず、会話も必要最低限にとどめ、できるだけかかわらないようにしてきたのです。しかし、「お客様の不満や感情をプラスに変えられる最後の砦」だというとらえ方に変わってから、元気よく笑顔でお客様と接することができるようになったのです。

さらに、修理前のヒアリングのときも、お客様の訴えを丁寧に聴き取るようになりました。メンテナンスの役割が機械の修理なら、不具合さえ直せばいいことになります。

しかし、お客様の不満や怒りは、実は機械の不具合そのものだけではありません。問い合わせの電話対応が悪かった、修理にすぐこなかったといった些細な食い違いの積み重ねが不満になっていることが多分にあります。

そのため修理だけ完璧にこなしても、結果的にお客様の不満は解消されず、会社やブランドに対する信頼を損なってしまうことになります。「最後の砦」としてのメンテナンスの役割が果たせません。そこで、お客様が何に困っているのか、徹底的に聞きとるようにしたのです。

メンテナンス作業に入ったときにも、今までは、「とにかく直せばいい」と思っていたのが、「お客様の不満の感情をプラスに変えられる最後の砦」（お客様に喜んでいただき、ファンになっていただく）というとらえ方に変わってから、やり方も変わりました。

メンテナンスにきた時点で、お客様の中では不信感が渦巻いています。その不信感をプラスに転換し、私のファンになってもらうにはどうしたらよいかを考えました。すると、自然と工具の置き方一つにしても、お客様のお宅を汚したり、傷つけたりしないように注意を払うようになりました。また、困ったときの対応法や日ごろのお手入れ方法を提案したり、説明するときもお客様になじみのない専門用語を使わないなど、さまざまな工夫を重ねることで、私自身が短期間で成長でき、お客様の評価も会社からの評価も飛躍的に高まっていったのです。

あなたが研修講師を会社から依頼されたとき、「面倒な役を押しつけられた」「私の本来の仕事ではないのに」と感じる人がいるかもしれません。しかし、見方を変えると、私のように関わる人の仕事に大きな影響を与えることもあるのです。

つまり、自分が関わった人が「今後、社内で活躍してくれるかもしれない」「その一助を自分が担っているのかも」と考えてみたら、面倒な役回りだけではなくなってきませんか。

そして、なぜ、依頼されたのか、そもそもから考えてみれば、あなたに備わる能力や技術が認めてもらえ、今後のさらなる成長を期待されているからこそです。

実はこの話には後日談があって、自分を劇的に変えてくれた研修にすっかり心酔した私は、研修後もその講師とずっと手紙のやり取りを続けました。仕事で迷ったときや悩んだのときに相談相手になってもらい、うれしいことがあったときには、ともに喜びを分かち合うようになり、そしてとうとう私自身が講師業へと転身することになりました。

おそらくこのときの講師も、自分の役割をしっかり認識していたのでしょう。つまり、単に知識や技術を私に教えようとしたのではなく、私の問題を解決し、どうしたら仕事に対する姿勢を変えられるかを真剣に考え、どうすれば行動に変化をもたらすことができるのかを大切に、研修にあたったはずです。

おかげで私は変わり、すっかり彼のファンにもなりました。この研修が、文字通り私の人生を大きく変えることになったのです。

さて、藤本のエピソードはいかがだったでしょうか。

研修講師には、受講者の人生を劇的に変える力がある。

私たちはそう信じています。

せっかく研修講師を引き受けたのであれば、受講者のみなさんが困っている問題を解決し、迷いや悩みを立ち切って自分の道を見つけ出し、新しい人生に向かって力強く歩んでいける。ぜひとも、あなたも、そんなお手伝いができる講師になっていただきたいと思います。そういう役割認識をしっかり持つことができれば、研修の仕事を通して成長し、自身のファンを増やすことにもなるのです。

これから具体的に講師として身につけるべき知識、3つのプロセス、10のテクニックについて解説していきますが、どんなに腕を磨いたところで、うまくいかないときがあるものです。そんなときは、ここで話した「講師として持つべき役割認識」に立ち返ってみてはどうでしょう。講師の原点に立ち戻ることで、迷いやとらわれから解放されるはずです。

その上で、そもそも研修の目的とはなんでしょうか。

研修内容を受講者へわかりやすく教えることではなく、その結果として「受講者の行動が変わる（行動変容を起こす）」ことに他なりません。その目的を果たすために、講師としてすべきことを受講者の心理の変化をベースに整理したのが次の全体像です。

全体像について、あなたの一番関心が高いと思われる研修の「実施フェーズ」から押えていきましょう。講師は単に順番通りにわかりやすく話すことができれば良いというものではありません。

受講者の心理を考えると、研修に対して前向きに参加される方は少ないと思います。その心理のまま研修を進めても効果が見込めるはずもありません。そこでまずは、受講者の警戒心を解き、参画意欲を高める「ＧＲＩＰ（グリップ）」というプロセスが必然となります。

その後、受講者に研修内容を落とし込むためには、一方的に説明するのではなく、受講者の興味や集中を維持しながら、進めていく必要があります。それが「ＬＥＡＤ（リード）」というプロセスです。

研修を教えることが目的であれば、このプロセスで終わりになりますが、研修の目的は受講者の行動が変わることですから、最後は研修内容を踏まえて、現場実践につなげていく「ＡＣＴ（アクト）」というプロセスが必要となります。

実施フェーズの「講座１：ＧＲＩＰ」→「講座２：ＬＥＡＤ」→「講座３：ＡＣＴ」というプロセスをまず念頭においてください。

本書ではこの３つのプロセスを10のテクニックでまとめています（26～27ペー

ジの全体像参照）ので、あなたが強化したい、または課題と感じているテクニックを重点的に身につけていきましょう。加えて、社内講師として研修を繰り返し実施していくには、毎回の研修から学び、修正し、レベルアップしていくことが求められます。これを「講座4：SEE（シー）」でまとめました。

また、「プロは準備で勝負する」という言葉があるように、社内講師の役割を果たすための準備の徹底がスタートとなりますので、これを「講座5：SET（セット）」でまとめました。

全体像を参照いただきながら、あなたの研修、講師力を継続的にレベルアップできるように設計していますので、「社内講師力」トレーニングのバイブルにしていただければと思います。ではさっそく、あなたが関心を持ったページから読み、一つひとつご自身のものにしていただければ幸いです。

平成29年1月吉日

著者一同

本書を推薦します

株式会社ザ・アカデミージャパン
代表取締役　川西　茂

「守・破・離」という言葉があります。

ご存知の方も多いと思いますが、この言葉の起源は「能楽」の世阿弥が「風姿花伝」で記した言葉であるとか、「茶道」の千利休が歌った「守り尽くして破るとも離るるとても本を忘るるな」からきているという説など諸説あるのですが、いずれにせよ伝統芸能や茶道、武道など「道」を究める際に忘れてはならない道筋を簡潔に表した言葉として今も語り継がれているものです。

つまり、「守」とは、基本を確実に身につけることであり、師や流派が確立してきた基本となる教えや技、型を忠実に守り、精進すること。

「破」とは、確実に基本を身につけた後に、さまざまな教えや型、技あるいは方法などを学び、取り入れながら自分なりのやり方を探すということ。

「離」とは、基本から離れ、自分のやり方、方法、型などを作り出し独自の新しい自分の世界を生み出すこと、ということです。しかし、この教えは、古典芸能や茶道・武道などだけではなく、現代社会に生きる私たちにとっても、何かを身につけようとするとき、必ず通らなければならない道筋であり、諸事全般に応用できる教えであることは間違いありません。

なぜ、私がそう確信するかというと、今から約25年前、私は、偶然にも「7つの習慣」という考え方に出会い、この考えを日本のみなさんに紹介したいという思いから、16年間のサラリーマン生活を捨て、起業したことに起因しています。

当初、私はアメリカ人のジェームス・スキナー氏とふたりで研修会社を立ち上げたのですが、事業を展開するに当たり、まず彼が講師として研修事業を開始しました。すると彼の努力もあり、急速に「7つの習慣」研修が広がり、やがて彼ひとりではとても研修をこなすことができなくなってしまったのです。とにかく次の講師が必要になったのですが、まだまだ小さな会社であり、新しい講師を採用することはできませんでした。

そこで、やむなく私に白羽の矢が立ったのですが、私はあくまでも会社経営をするつもりで独立したのであり、講師をする気持ちなど、100%ありませんでした。

しかし、その時点で私しか講師をする人間がいないことから、仕方なく講師を引き受けざるを得ない状況になったのです。ところが、私はそれまで講師の経験などまったくなく、ましてや事業をはじめたばかりで、研修講師の仕方を教えてくれる人もいなければ、おまけに日本語で書かれた本もなければ資料もない、参考にするためのビデオや教材と言えるものさえないという、まったく何一つない状況でのスタートだったのです。

そんな状況の中で、私が講師として事業を展開するために取った手段は、ただ一つ。ジェームス・スキナー氏が講義している内容（アメリカの講師たちが実施している内容を彼なりにアレンジしたもの）をテープレコーダーに録音して、ひたすらそれを聴き、頭に叩き込み、覚えるという方法でした。

しかし、その当時、「7つの習慣」の研修は朝9時から夜5時半までの3日間コースであり、その内容たるや膨大なものでした。さらに、困難を極めたのは、彼もまだまだ試行錯誤の状態であり、録音するたびに話す内容が変わるということでした。

でも、それ以外に方法がない私は、来る日も来る日もひたすらテープを聴き続けて内容を覚えていきました。ところが、やはり研修講師としての基礎がまったくない私は、何度研修を実施してもうまくできませんでした。

研修後、受講者のアンケートを見ると、いつも散々なものばかり。中には完全に人格否定をされるような内容もあり、いつしかアンケートを見るのが怖くなり、アンケートを見るのを止めたほどでした。

そんな苦しく辛い日々が続き、ただただ歯を食いしばり頑張るしかない日々の連続でしたが、あるとき、突然にフッと肩の力が抜け、受講者と完全に一体となり、研修を進めている自分を自覚することができたのです。正確な回数はわかりませんが、講師としておよそ数百回、研修を実施したときのことでした。

とにかく場数を踏むことでやっと講師として大切な何か――その正体はいまだにわかりませんが――確かに何かをつかんだ瞬間でした。そんな私が、今言えることは、これから人前に立って何かを伝え、教えようと思っている方々は、私のような辛くて苦しい道をわざわざ選び、遠回りをする必要は一切ないということです。

私がそれほど辛く長い道を通らなければならなかった唯一の原因は、講師としての基本をしっかり身につけていなかったことです。つまり、「守破離」の「守」がなかったことです。ただ、それだけのことなのです。最も大切なことは「守＝基本」をまずしっかり身につけることです。何度も何度も基本を繰り返し、とにかく「守＝基本」を身につける。つまり、根っこをしっかりと大地に張ることなのです。

何か事を成そうとするとき、とかく人は誰しも、より早く、よりうまく結果を求めようとします。

しかし、基本という根をしっかり張らない限り、木は大きく成長しません。根を張るという行為は一見すると遠回りのように感じるかもしれませんが、この基本という根をしっかり大地に張ることが実は最も効果的であり、かつ効率的なのです。

今回、出版された「社内講師力トレーニング」は、これから社内講師を目指す人だけでなく、人前に立って話をする、あるいは仕事でプレゼンテーションをしなければならない人などすべての人にとっての「守＝基本」となる最適な内容だと確信しています。

著者の濱野康二三、藤本剛士、窪田晃和の3氏は、長年にわたり研修会社で講師としての基本を徹底的に学び、かつ講師として素晴らしい実績をつくってこられた方々です。

ぜひ、彼らが培ってきた講師としての「守破離」を学び、その豊富なノウハウを身につけていただき、受講者の方々がまさに「研修や学ぶことは楽しいことだ」「もっと学びたい」と思えるようなすばらしい体験を提供できる講師として、大いに活躍していただきたいと心から祈っています。

CONTENTS

CONTENTS

講座3　ACT――現場の行動化を支援する

CONTENTS

講座4

SEE――修正し、研修の質を高める

講座5

SET——真摯に徹底的に準備する

10のテクニック
① 警戒心を解くあいさつと全体像の伝え方
② 参加意欲を高める研修への巻き込み方
③ 運営の工夫で受講者を主人公にする
④ 惑わせないでリードし続ける
⑤ 集中を妨げないでリードし続ける
⑥ 理解が深まるレクチャーの組み立て方
⑦ 右脳に効く！ イメージの伝え方
⑧ 頭をスッキリ、学習ポイントの整理の仕方
⑨ 記憶を定着させるティーチ＆ラーン
⑩ 実践への一歩を踏み出させる方法
・受講者の学びを修正する ・自分の研修を修正する
・研修運営の準備をする ・講師として講義にのぞむ姿勢を整える

「社内講師力トレーニング」の全体イメージ

<table>
<tr><th></th><th>講座</th><th colspan="2">講師スキル概要</th><th></th></tr>
<tr><td rowspan="4">実施フェーズ（3つのプロセス）</td><td>1</td><td colspan="2">GRIP
立ち上がりで心をつかむ</td><td></td></tr>
<tr><td rowspan="2">2</td><td rowspan="2">LEAD
心に寄り添い導く</td><td>受講者の興味や集中を維持する</td><td></td></tr>
<tr><td>受講者に研修内容を落とし込む</td><td></td></tr>
<tr><td>3</td><td colspan="2">ACT
現場の行動化を支援する</td><td></td></tr>
<tr><td></td><td>4</td><td colspan="2">SEE
修正し、研修の質を高める</td><td></td></tr>
<tr><td></td><td>5</td><td colspan="2">SET
真摯に徹底的に準備する</td><td></td></tr>
</table>

講座1

GRIP

――立ち上がりで心をつかむ

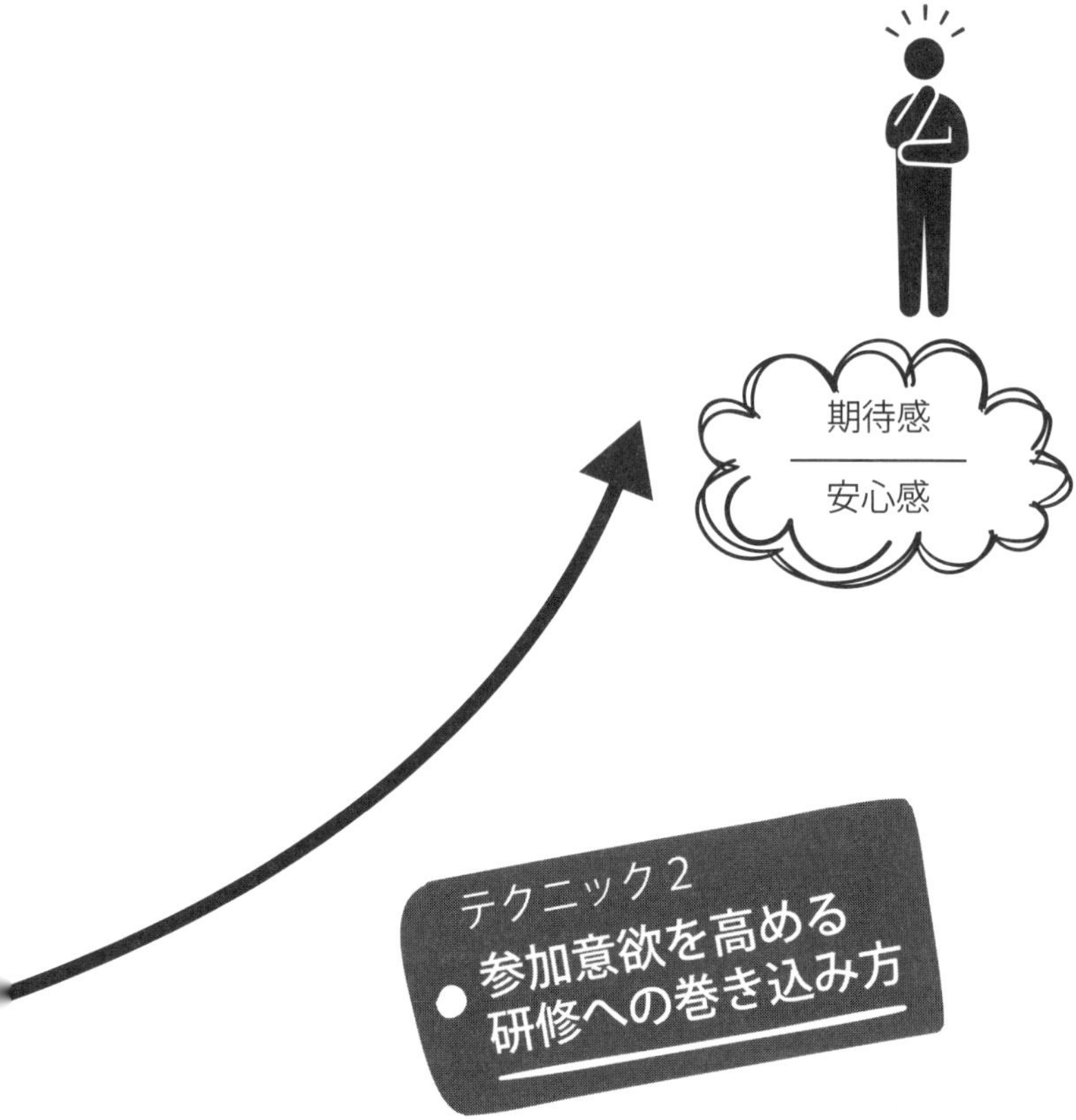

テクニック2

参加意欲を高める研修への巻き込み方

講座1

GRIP 立ち上がりで心をつかむ

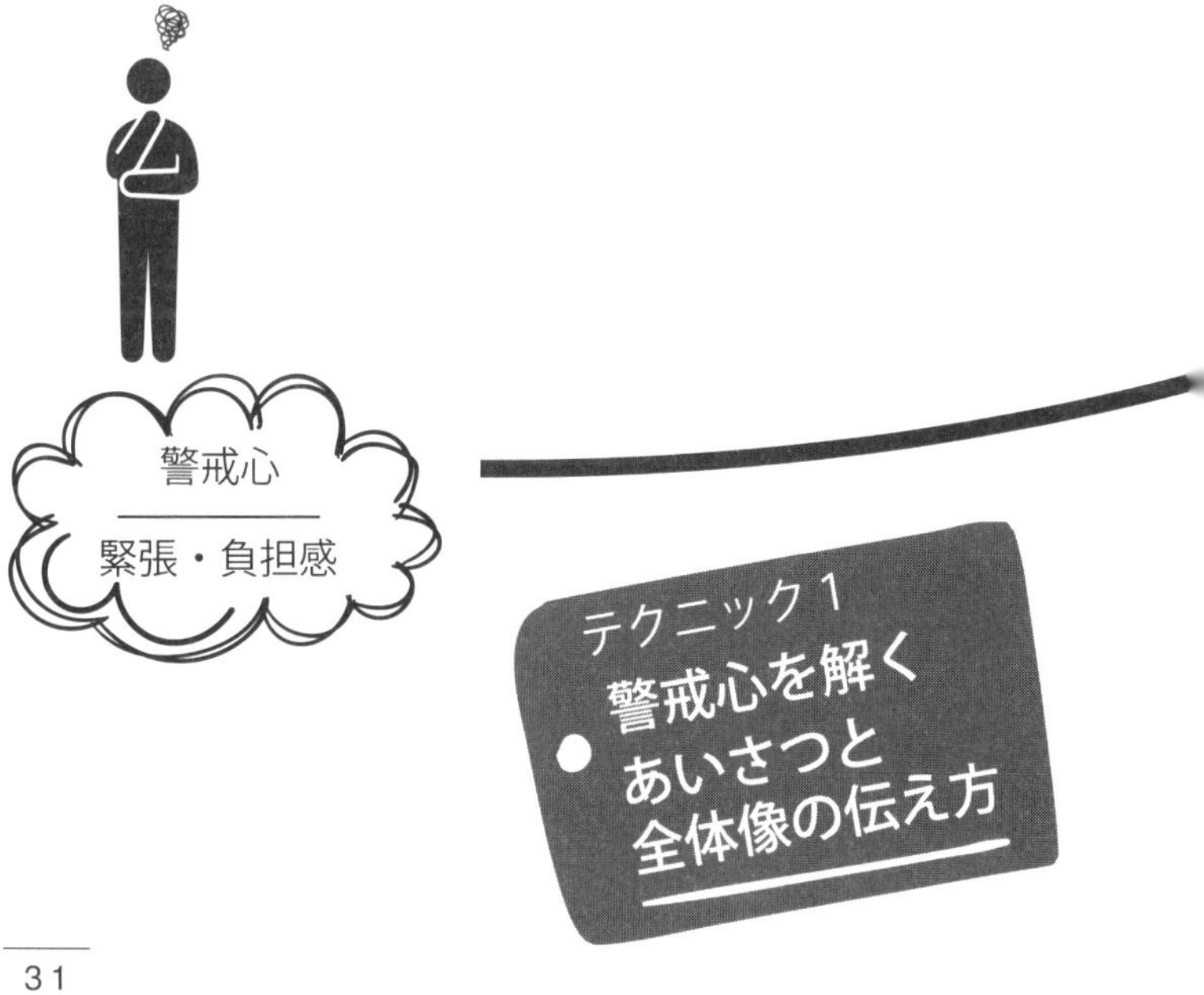

GRIPとは何か？

物事は何でも、はじめが肝心です。研修でも同様。その研修がうまくいくかどうかを決めるのは、「研修の立ち上がり」です。

立ち上がりが上手くいけば、後はスムーズに流れていくものです。その大事な立ち上がりを成功させるカギは、受講者がどういう気持ちで研修の場に参加しているかを知ることです。

受講者が、いったいどんな心理状態でいるのか、講師は最大限の想像力を働かせて読み取らなければなりません。どんな内容の研修か、受講者はどんな立場の人か、時期的にどういう状況かといったことを踏まえ、受講者がどういう気持ちでいるかを具体的にイメージしておくことです。

多くの場合、受講者は日々忙しく働いています。会社・上司の命令で研修に参加することになったものの、内心では「この忙しい中、勘弁してくれよ」という気持ちでいることが、ほとんどと言っていいでしょう。忙しい時間を割いて、興味のない研修に参加しているのですから、研修参加に対する負担感を持っています。

また、初対面である講師に対して心を開いていないし、「いったい何をやらされるのだろう」という警戒心でいっぱいです。

心理的に学ぶ姿勢になっていないので、そのままでは、せっかくいい講義をしても十分な効果は得られません。したがって、研修の立ち上がりでは、受講者の心理を読み取り、負担感や警戒心といったネガティブな感情を解きほぐすことからはじめるべきなのです。

そこで、つかみのところで受講者の「警戒心」を解き、「安心感」を与え、参加意欲を高めることが必要です。このプロセスを「GRIP（つかみ）」と言います。

参考までにGRIPに取り組むために踏まえておいていただきたい重要なポイントがあります。それは講師自身の「心の姿勢」です。

講師は受講者に対して、常に同じ目線であることが基本となります。

受講者に対して、卑屈な態度をとり、下手にご機嫌をとろうとする講師、あるいは逆に、受講者を未熟な人たちとして見下し、大上段に振る舞う講師は、いずれも講師としての基本的な態度ができていないと判断されます。

そのままの態度でＧＲＩＰを導入したところで、受講者との溝は埋まらないでしょう。

研修に臨む講師の理想的な態度は気負うことなく、受講者とともに学ぶ姿勢を保ち、同じビジネスパーソン同士であるという意識で接することです。講師として初心者のうちは、どうしても身構えてしまいがちです。

また、講師と言えども人間ですから、相手によって態度が変わってしまう傾向があるのは仕方のないことです。だからこそ、受講者と同じ目線でいることを常に意識することが重要なのです。

テクニック①

警戒心を解くあいさつと全体像の伝え方

あいさつ・講師自己紹介でつかむ

まず、研修参加に対する負担感を解くには、受講者の状況を汲み取った配慮あるひと言からスタートします。私は研修の冒頭で、

「本日はお忙しい中、また遠いところからご参加いただきまして、誠にありがとうございます」

と心をこめたあいさつを伝えていきます。

肝心なのは、言葉に心を込めることです。心の込もっていない単なる決まりセリフのような表面的な言葉は受講者に伝わりません。心を込めるためには、事前準備の段階や名簿などから今回の受講者はどこから来たのか、日々どのような仕事をしているのかを具体的にイメージした上で、

「日々の業務は忙しく大変なんだろうな、今日も遠くから来るのも大変だったろうな、そんな中でこの研修に参加してくれて本当に、本当に感謝します」

という意味合いを噛み締めながら言葉を発することが大切です。

次に、自己紹介です。

講師の自己紹介と言うと、自分のプロフィールを紹介することだと思っていないでしょうか。それでは、半分しか当たっていません。

自己紹介の目的は、講師が持っている技術に対する期待を抱いてもらうともに、

受講者に親近感を感じていただき、「この講師なら、学ぶべき点がありそうだ」と警戒心を解きほぐすことです。

別次元の高みにいるような人の話というのは、意外に参考にならないものです。レベルが違い過ぎると、つまづくポイントや感覚的に持っているものが違うからです。

したがって、かつて受講者と同じ境遇にいた、同じような悩みを抱えていた、といった共通点を意識してもらうと理想的です。このために自己紹介を効果的に使うのです。

では、自己紹介をどのように組み立てればよいのかを確認していきましょう。

基本は、次のように3つの構造によって自己紹介は成り立っています。

㋐講師の人生の歩みを伝える

自己紹介では、講師自身のプロフィールを語ります。とはいえ、研修におけるプロフィールは、一般的なそれとは違います。出身地や出身大学、持っている資格などの情報よりもむしろ必要なのは、「講師自身がこれまでどういう変化をしてきたのか」です。

これは仕事上での経験だけではなく、幼少時代や学生時代も含めたものです。たとえば、営業研修の自己紹介のときに子供のころは内弁慶で人と話すのは苦手、社会人になってからもお客様と面と向かって話をするのが怖くて避けていました。

そういう話をすることで、「この人も、最初は私と同じように悩んでいたんだから、私も頑張ればできるかもしれない」と思ってもらうことにつながります。

㋑業務への理解と困りごとを推察する

次に受講者が担当する業務の理解と現場で困っていることを推察して伝えます。研修の目的は、受講者の悩みや迷いを解決し、行動に変えるためのきっかけづくりにあります。現場の状況をわかっていない人に、現場の問題を解決できるはずがありません。

そこで、たとえば受講者が若手の営業の方々だったとすれば、「営業2年目の方々から、先輩から引き継いだお客様との信頼関係を築くのがむずかしい、どうすればよいのかわからないといった話をよく耳にします」などと現場を理解している点や推察されるお困りに触れることで、この社内講師は実情をわかってくれているなという安心感が生まれてきます。

㋒解決策があることを伝える

自己紹介では、講師自身の経歴や強みと、受講者の業務内容や、現場で受講者が困っていることをリンクさせることで、「自分は解決策を持っている」ということを伝えます。

たとえば、研修のテーマが「販売力の強化」だったとしましょう。そんなときは、「自分は以前、販売は苦手だったが、よい師と出会い、『販売とは売ることではなく、お客様の問題解決の一つの手段』というちょっとした考え方のコツを教えてもらったことで、販売への苦手意識が払しょくされ、実際に販売実績を上げた経緯があるのです」などと、自分自身の経験から、販売が苦手な人が日ごろ困っていることを推察し、「ちょっとしたコツをつかめばあなたたちもできる。そのコツをこれから教える」というように打ち出せば、とても説得力が増します。

もう少し余裕があれば、緊張して硬くなっている会場の雰囲気をやわらげるために、ちょっとしたユーモアを入れられれば上出来です。

自己紹介の時間配分ですが、一般的に、人が興味のない話を一方的に聞いていられる時間は、数分と言われています。ぜひ、3分程度にまとめましょう。


藤本の事例で見てみましょう。

まず冒頭では、出身大学や出身地、あるいは講師としての経歴など、普通のプロフィールに盛り込みそうな話は入れていません。

ありきたりな自己紹介ではなく、テーマを意識した自己紹介の組み立てにすることで、受講者が「この人は、いったい何を言い出すのだろう」という感じで興味を示してくれる、そんな自己紹介の実例です。

サンプル―講師自己紹介

私は藤本剛士と申します。まさかこのような対人能力を思いっきり使う仕事をするとは思っていませんでした。

と言いますのも、性格的には内弁慶、見知らぬ人と話すことが苦手で、人前で話すとなると足がブルブルと震えるタイプでした。

それもあって、最初の就職は某電機メーカーでテレビの設計という技術職を選んだのです。（中略）

ちなみに『能力』とは磨いて伸ばす力ということで、先天的ではなく後天的なもの、つまり、対人能力も性格やタイプでもなく、これまでに磨いてきたか、磨いてこなかったかで得意とか苦手と思い込んでいるものです。（中略）

今では人前で話すことに違和感もありませんし、緊張することもありません。ここで何が言いたいのかというと、今、自分が苦手と思い込んでいるものも、チャレンジすることによって、数年後には自分の得意分野となることもよくあるものです。

この研修をチャンスととらえて対人能力を伸ばすポイントを持ち帰ってくださいね。

そのサポートができるように全力で担当しますので、よろしくお願いいたします。

この研修は「対人能力」がテーマなので、自分も対人能力が低かったことを話すことで、受講者の共感を引き出しつつ、親近感を感じられるように促していきます。

そして、対人能力は先天的なものではなく、鍛えることができるものだということを、自身の経験から語ることで説得力を持たせ、受講者に「自分も変われるかもしれない」という期待を高めることを狙っています。ぜひ、自己紹介からひと工夫し、心をつかんでいきたいものです。

研修の流れ（全体像）を伝える

さて、講師に対する警戒心が和らいだとしても、もう一つの警戒心である「何をやらされるのだろう」が受講者の中には残っています。

これを解くには、その心理を先取りして、早々に「何をするか」を伝えることが大切です。

イメージでいうと、目の前に地図を広げ、この先どのような道のりになっているのかを知らせるように、研修の目的や目標、全体の流れやスケジュール（研修の全体像）を丁寧に説明していきます。

この研修の流れを説明する主たる目的は、受講者のもう一つの警戒心を解くことですが、単に「何をするか」の説明だけではなく、さらにもう一歩受講者の心理を前に進めたいものです。

そのためには研修の流れに絡めながら、受講者にとってのメリットを明示することで「この研修は自分にとって価値がありそうだ」と感じてもらい、研修への参加意欲を高めるスタートを切ることです。

では、受講者にとってのメリットとはどのようなものか、いくつかの例で確認しましょう。

㋐現場の問題解決へのヒント

想定される受講者が直面している問題と絡めて、研修のどのコンテンツがその解決につながるかを明示することで、良い状況へ向かいそうだという期待感を持ってもらいましょう。

㋑新たな知識・スキルの習得

受講者が知り得ていないであろう知識やスキルを提供できることを明示することで、知的好奇心を掻き立て、この先の本題への期待感を持ってもらいましょう。

㋒基本の再認識による軸固め

一見、そんなことわかっている、知っていると思われる内容に関しては、基本を再認識することを通じて自分のやり方を振り返り、自分の軸を固めることで、ますます上手くいきそうだという期待感を持ってもらいましょう。

そして研修の流れ（全体像）の説明の最後に伝えるべき重要なことがあります。

それはこの「研修の着地」を明確にしておくことです。

最終的にどのようにすれば良いのかが明示されていれば、そこに向かって研修を受講すればよいといった受講の指針となるからです。

コツ

「この講師、この研修テーマなら、学ぶべき点がありそうだ！」と、まずは受講者の警戒心を解き、興味を引き出す立ち上がり方を意識しよう。

テクニック②

参加意欲を高める研修への巻き込み方

受講者の心のバリアを取り除く

研修の立ち上がりでは、自己紹介や研修の流れの説明を通して、受講者の警戒心や、緊張をときほぐしていく方法を見てきました。ここまでくれば、受講者はずいぶんリラックスし、研修への期待も湧いてきて、学ぶ姿勢になりつつあると思います。

さらにもう一歩進んで、受講者が活発に討議をしたり、自発的に発言したくなるような、そんな熱い場づくりに役立つ方法があります。それが、

「アイスブレイク」です。

アイスブレイクは、その名の通り、「氷を解かす」という意味で、初対面の人が集まって硬くなっているときに場をなごますために取り入れるワークのことです。

ここで活発な議論が行われている場をイメージしてみてください。どんな場なら誰もが臆することなく、積極的な意見が交わせるでしょうか。気心の知れた間柄の人たちが集まっていたら忌憚《きたん》のない、活発な意見が交わされると思いませんか？

少なくとも、隣にいる人が初対面同士でどんな人なのかもわからない状態では、なかなか自分から発言できないはずです。

そこで、アイスブレイクでは、受講者同士のよそよそしい雰囲気を取り払い、氷のように固まっていた心のバリアを解かします。

アイスブレイクのやり方は、議論やゲームなどを2人1組で行う「ペアワーク」と、複数人で行う「グループワーク」があります。

研修の間、時間の許す範囲内なら、ペアワークは何度入れてもよい研修運営手法です。特に、研修の立ち上がり時点では、頻繁に入れましょう。受講者にとっては準備体操のようなものです。何度もペアワークを繰り返していくことでエンジンがかかってきて、研修後半、もっと深い議論をするときに、より積極的に意見交換できるようになるでしょう。

研修内容などにもよりますが、可能であれば、5分間に1度くらいの割合で入れてもいいぐらいです。たとえば、巻き込み型運営の達人、窪田の事例を見てみましょう。

「みなさん、おはようございます（簡単な自己紹介後）。さて、今日はレジリエンスというテーマの研修ですが、この言葉、人材育成の注目キーワードなのですが、意味を知っている人はいますか（挙手確認）？

ちょっと少ないですね（笑いが起こる）。

実はレジリエンスというのは、わかりやすく表現すると、「折れない心」のことなんです。と言っても、折れない心を気合で何とかしよう！　という研修ではないので安心してください。

すべて科学的実証があるエビデンスベースのトレーニングでレジリエンスを鍛えるのが、今日の研修の主旨です。

ところでみなさんはどうでしょう？　心は折れやすいほうですか？　それとも折れにくいほうですか？　あえて言えば、どちらでしょうか。

1分つくります。隣の人とそんなテーマで話し合ってみてください。

では、早速どうぞ。


ここで重要なことは、「レジリエンスとは何か」といった深い議論を求めているのではなく、隣の人と共通の話題で言葉を交わすことで、お互いの人柄や思考のクセなどが伝わり、打ち解け合うように講師から促すことです。したがって、30秒や1分というごく短い時間でかまいません。

ちなみに、打ち解け合うとは、イメージでいうとライン（心と心のつながり）づくりとも言えます。最終的には、クラス全体のラインづくりを通じて研修本編での闊達《かったつ》な意見交換や質疑応答ができる場に仕立てていくのですが、一足飛びにそのような場にすることはハードルが高いものです。

そこで、手順としては、まずは「ペアワーク」で隣の人とのラインづくりを、次に「グループワーク」でグループメンバー同士のラインづくりを行うことで、クラスの一体感づくりのベースができます。

その後の研修本編でもグループ見解を全体へ共有したり、他グループからの質疑応答などを通じて、クラス全体（グループとグループ）のラインをつくります。

こうすることで、リラックスしてコミュニケーションをとれるようになります。

また、ワークはアイスブレイクになるだけでなく、学習効果を高めるしかけなので、研修のプログラムの一環として必ず複数回は、組み込むようにします。

グループで話し合いをしやすい環境をつくるためには、研修の最初でグループ分けしておくと、受講者がとまどうことなくディスカッションに取り組めるようになります。一つのグループは、4〜6人が最も適しています。

それでは、導入時のアイスブレイクとして使いやすいペアワークとグループワークを一つずつご紹介します。

まずは、どんな研修でも導入しやすいペアワークです。

受講者同士のラインづくり

隣の人と2人でラインづくり

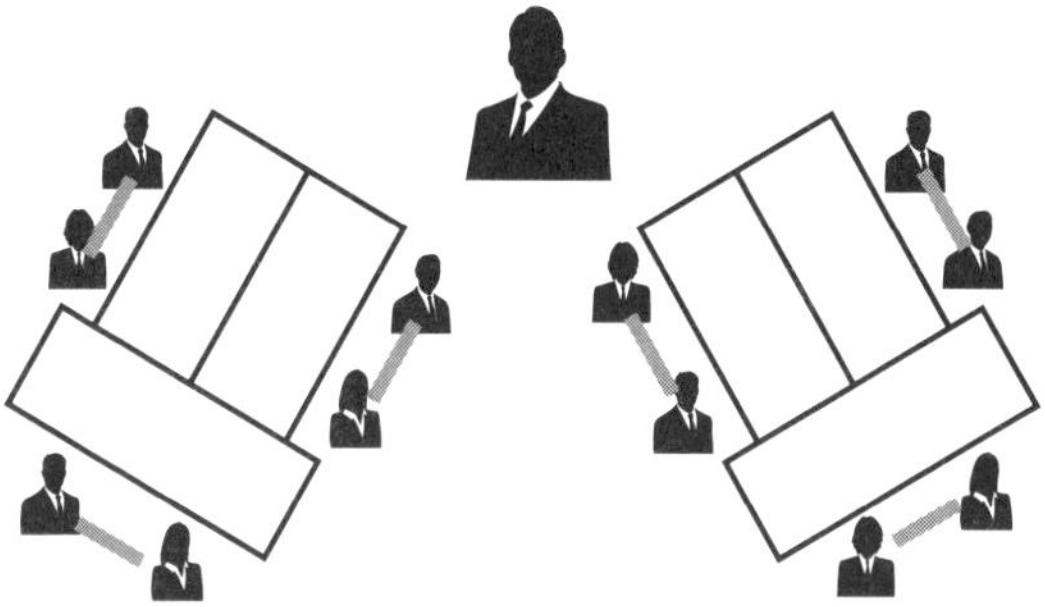

→「パーソナル・スペース」（心理的な縄張り）を縮めよう。

6名のグループメンバーでラインづくり

→グループメンバー間の防衛本能を取りのぞこう。

人間距離《じんかんきょり》を縮めるペアワーク
——1・2・3コミュニケーション

・講師と一緒に会場全員で「いち、に、さん、いち、に、さん……」というように、1～3までの数字を、繰り返しテンポよく唱えます。

・続いて、ペアになってもらい、同じテンポで「いち、に、さん、いち、に、さん……」と唱えてもらいます。

ただし、ふたりで同時に唱えるのではなく、Aさんがひとりで「いち」と唱えたら、次にBさんが「に」と唱え、その次にAさんに戻って「さん」と唱えます。3まで行ったら、1に戻るというように交互に数を唱えます。

このゲームのポイントは、自分の番が回ってきたときに唱える数字がその都度、変わるところです。最初に全員で唱えたのと同じテンポでスムースに1～3まで数えられたら合格なのですが、意外にむずかしく、慣れるまで数回ほどかかります。

［1、2、3コミュニケーション］

ほどよいむずかしさがあるのが、このゲームのおもしろいところです。最初のペアで上手にできたら、ペアを入れ替え、2、3度やってみましょう。

極めてシンプルなゲームでありながら、思考を活性化するのに有効です。また、声を出すこともあり、場は盛り上がり会場内の雰囲気が一気になごやかになります。

このゲームでは、次に自分が唱える数字のことばかりに気をとられているとうまくいきません。自分の順番でなくても、心の中で相手と一緒に数える、つまり、相手の立場に立つことを意識するという教訓に通じるのです。

対人関係やコミュニケーションの話をしたいときにこのゲームを使うと極めて効果的です。ゲームが終わったら、

「相手の立場に立つことは（チームワークを高める上で）これほど大切なんですね」

などと講師がコメントすると非常に納得感が得られます。

続いて、こちらも導入しやすいグループワークです。

グループワーク【一筆書きクイズ】

【9つの点】

図A（次ページ参照）を見て下さい。縦横3つずつ並んだ合計9つの点があります。この9つの点をすべて一筆書きの4本の直線でつなげてみてください。グループで強力して考えてみましょう！

正解は、図Bです。（正解は数分間ワークの時間をとった後に提示）

おわかりのように、このクイズのポイントは、９つの点の外側を結んだ外周を飛び出してもよい、という発想の転換ができないと解けないところにあります。

むずかしい方程式や予備知識は必要なくて、ちょっとした思考の落とし穴に気づけば解決できるようなクイズがアイスブレイクに適しています。

その意味で、このクイズはうってつけです。実際にやってみると、会場は一気に盛り上がり、初対面同士だった参加者が、目を輝かせて熱中します。解答がわかった人は、「わかった！」と大喜びするので、他の参加者もさらに盛り上がります。

図A

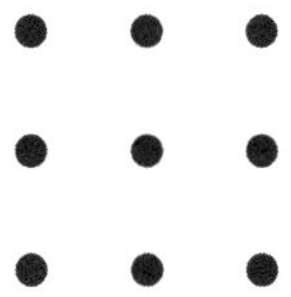

図B

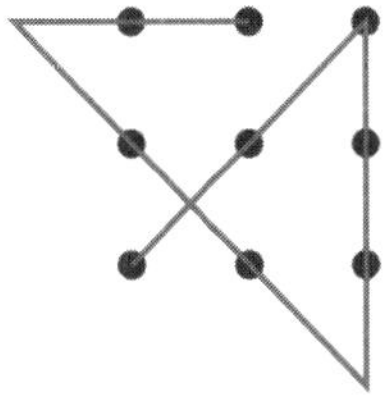

こうしたクイズをやってもらった後、講義の内容と上手につなげて落とし込むことができれば、なおベターです。

９つの点のクイズが研修で重宝されるのは、ほどよい難易度のクイズだというだけではなく、実は、もう一つ理由があります。正解を導くには、「外周を出てもいい」という発想の転換が必要です。この「枠をはみ出す」ということは、職種や業務のいかんにかかわらずブレイクスルーの大きなポイントになるのです。

そこで、この心理を上手に活用し、クイズを解いてもらった後に、

「私たちも自分の枠、固定観念にあてはめて考えてしまっていることありませんか。意識していないつもりでも、自分で勝手に枠をつくって、そこから出てはいけないんだと思い込んでいることが多いものです」

といったことを講師がコメントすることで、納得感が出て、かつ、講義の内容にすっと戻っていけるわけです。

他にも研修に役立つクイズやゲームは「研修アイスブレイク」などのキーワードでWEB検索するとたくさん出てきます。研修内容に適していて、かつ気づきや学びに役立ちそうなゲームやクイズをいくつか用意しておいて、本題に入る前のアイスブレイクとして、取り入れてみてください。

受講者間の自己紹介をする

ここまでくると、講師や研修そのものへの警戒心が和らぎ、お互いに打ち解け合いつつある状況になっているはずです。仕上げとして、受講者同士の自己紹介をしてもらうことで、最後の警戒心となる他の受講者に対する警戒心をほぐしていきましょう。

では、具体的な受講者の自己紹介のポイントを確認していきます。

まず、自己紹介のやり方は、大きく2通りあります。一つは受講者人数が10名未満と少ない場合です。この場合は一人ずつクラス全体に向けて自己紹介してもらいます。それが各個人と全体のラインづくりにもつながっていくことになります。

もう一つは受講者人数が多く、いくつかのグループ分けをしている場合です。

この場合は一人ずつ自己紹介していると時間がかかるばかりか、ややだらけた雰囲気になる恐れもあるので、グループ内での自己紹介を採用しましょう。自己紹介にかける時間は、およそ3分が目安となります。

受講者の自己紹介を実施する際の注意すべきことは、お互いに打ち解けてきた状況とはいえ、まだ最後の警戒心が残っている心理状態ですので、受講者に余計な心配や不安を抱かさないような工夫が必要です。

たとえば、いきなり受講者へ自己紹介するように指示してしまうと、

「何をどう話せば良いのか」

「誰からはじめればよいのか」

など、さまざまな戸惑いを感じてしまいます。せめて、この2点は具体的に指示することが、気持ちよくスムーズな自己紹介につながります。

「何をどう話せば良いのか」については、持ち時間、どこの誰（所属と名前）は最低限の項目として、ちょっとだけ考えてもらう項目や場がより和んだり、単純な自己紹介だけでは得られない人柄などを引き出す項目を追加してみることをお勧めします。

私がよく使う項目は、

・この研修への意気込み
・最近あったちょっといいこと（ポジティブな内容で場が和みやすい）
・実は私は◯◯なんです（「へー」と言ってもらえそうな自分の意外な面を知ってもらう）
・私を漢字一文字で表すと◯◯（自分はこんな人間だと知ってもらう）

などです。「誰からはじめればよいのか」についても、しっかり指示しておきましょう。じゃんけんで決めてもらっても構わないのですが、お互いを知るためのきっかけづくりを兼ねて、

「この会場から住んでいる場所が一番遠い方（とか、今日◯月◯日から誕生日が一番近い方など）を一番バッターとして、時計回りに自己紹介をしていきましょう」

と指示します。
するとと、受講者がお互いに誰だ誰だと必然的に会話をしはじめ、スムーズな自己紹介につながっていきます。ぜひ、試してみてください。

受講者の自己紹介

自己紹介が終わったら、次に、ディスカッションの進行役、リーダーを決めてもらいます。

ここで、とっておきのコツを伝授しましょう。ただ単に、「グループ内で進行役、リーダー役を決めてください」と促すと、お互いに譲り合ってしまってなかなか配役が決まらなかったりして、せっかく温まりかけている場の雰囲気が、ダラダラしてしまうことがあります。

そこで、次のようにリードします。

「じゃあ、みなさん、グループの中でリーダーを決めましょう。まず、『この人にやってもらいたい』と感じた人を頭に思い浮かべてください。準備はいいですか、思い浮かべましたね。それはでは、『せーの』で、いま思い浮かべた人を一斉に指さしてください。一番多かった人がリーダーですよ。決まったら盛大な拍手をお願いしますね。それでは準備はいいですか、いきますよ〜。せーの、お願いします」

こうすればリーダーがすぐに決まりますし、会場の空気も一気に盛りあがることは確実です。

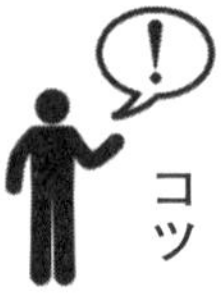

コツ

立ち上がりのペアワーク、グループワークを活用し、一気に和やかな雰囲気、受講者同士の打ち解けた状況をつくりだそう。

講座2

LEAD

——心に寄り添い導く

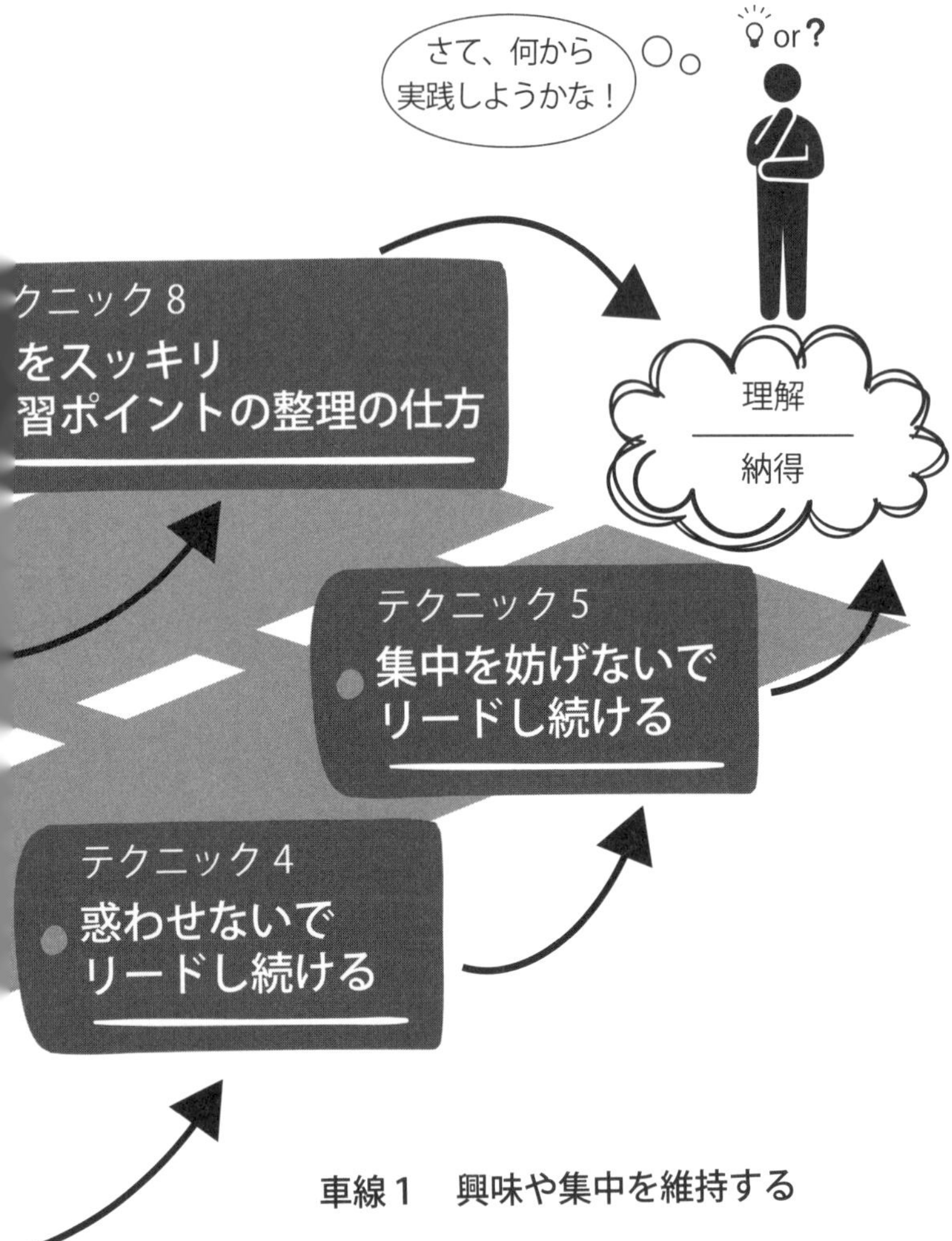

車線１　興味や集中を維持する

講座2
LEAD
心に寄り添い導く

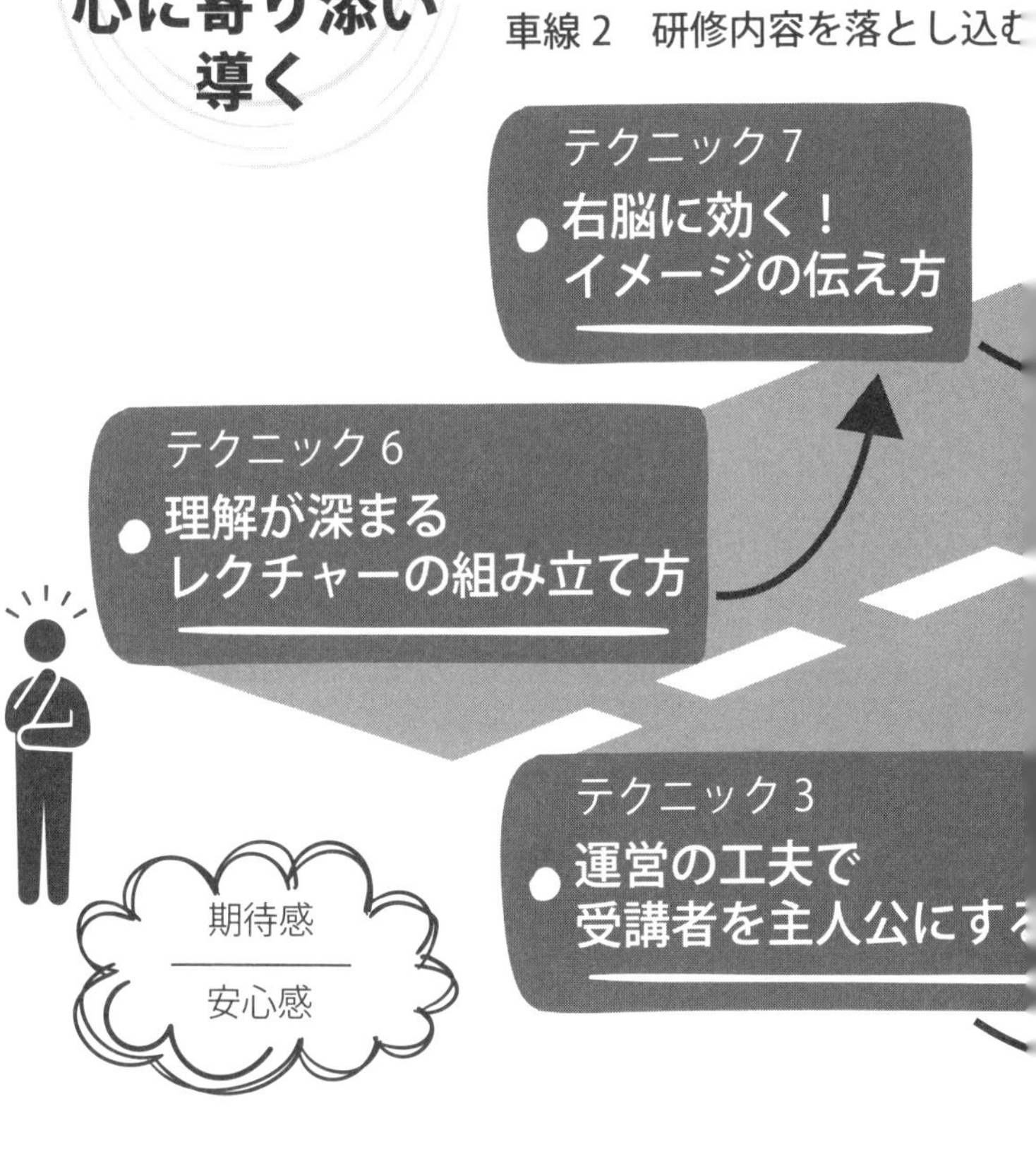

LEADとは何か？

いよいよここから研修の肝となる具体的な講義（本編）に入っていきますが、ここでよくやりがちなことが、講師が受講者に対して一方的に話してしまい、受講者を単なる聞き役に仕立ててしまうということです。

これは講師として「限られた時間内で自分の知識や経験をたくさん伝えよう」という強い想いからくるものですが、残念ながらこのような進め方は、聞き手の共感を生みません。

それどころか、講師が好き勝手に話しているとしか見られず、受講者の話を聞こうとする興味も削いでしまうことになるのです。一番の問題は、そのことで受講者が耳を閉ざしてしまうことです。

そこで、受講者の興味や集中を維持しながら、本編である研修内容を落とし込んでいくことが必要です。つまり、心に寄り添いながら、内容理解、納得感へと上手に導いていくということです。このプロセスを「ＬＥＡＤ（先導）」と言います。

ＬＥＡＤには大きく二つの車線があります。一つの車線は受講者の「興味や集中を維持する」こと、もう一つの車線は受講者に「研修内容を落とし込む」ことです。

ふたつの車線上にあるそれぞれ３つのテクニックを駆使して研修を進めることで、講師が一方的ではなく、受講者を先導しながら研修の目的・目標に向かう運営ができるようになります。

受講者の興味や
集中を維持する

テクニック③

運営の工夫で受講者を主人公にする

受講者を主人公としてとらえる

研修中は、社内講師であるあなたが主人公ですか？　それとも受講者が主人公ですか？

そもそも研修の成果とは、「受講者の行動が変わる（行動変容を起こす）こと」でした。社内講師が話の内容を上手に伝えられたとか、受講者が研修内容を理解できたといったレベルでは、まだ不十分です。

それらを受けて研修前と後で、受講者の行動が何かしら変わった。あるいは、一時的ではなくて継続した行動をとっている、というレベルに至って、本当の意味での研修成果が出たと言えるでしょう。そのためには、研修中のしかけを通じて、受講者の主体的な研修への参加意欲を引き出す、ということが大切なのです。言い換えると、「講師に言われたから、やった方がいいのかな」という心理ではなく、「この研修は自分に役立つな。今後のためにぜひ教わったノウハウを活用したい」という心理になってもらうということです。

そのためには講師が主人公でなく、受講者が研修の主人公であるととらえる姿勢がまず大切です。

私たちプロ講師も、基本的なレクチャー内容を考える以上に、どうすれば自分事として物事をとらえてもらえるか、どのような工夫を入れたら、受講者の方々が主人公として研修に参加してもらえるのか、ということを常に考えながらシナリオを計画し、常に試行錯誤しながら研修現場で実践し、そして、結果どうなったかといった事後検証をすることに、非常に力を入れています。

ここからは、実際の研修現場で効果が発揮された「受講者を主人公にする参加意欲の高め方（運営手法）」を紹介していきます。あなたが担当される研修のテーマによって、使えるもの、そうでないものがあるかもしれませんが、ぜひ取り入れられる部分を活用してもらえればと思います。

グループワークの活用

受講者を主人公にする上で、「グループワーク」という手法は取り入れやすく、高い効果が期待できます。GRIPでも簡単に紹介しましたが、ここではより具体的な運営をみていきましょう。

たとえば、実際に私が運営しているA社の「社内講師養成研修」（受講者数36名、6名×6グループ）で運営したケースを紹介します。この研修では、最初のグループワークで、

「講師を担当するにあたって不安なこと、研修で学びたいことをあげてください」と指示し、各グループに1枚用意されているホワイトボードに列記してもらいました（内容の抜粋が次ページの図表です）。

サンプル　A社36名のグループワーク
──「社内講師養成研修」で学びたいことは？

Dグループ
- 伝えたいことの整理法
- 緊張のやわらげ方
- 興味がなさそうなときの引きつけ方
- 自信がありそうに見せる視線・しぐさ

Aグループ
- どういう人に
- 飽きさせないコツは？
- 相手にどう言ったら伝わりやすいか
- 緊張してしまう

Eグループ
- 前に立ったら誰を見たらいいか
- 頭が真っ白にならない方法
- 一方的にならない方法
- 時間通りに進める方法

Bグループ
- 相手を引きつける方法
- シナリオの上手なつくり方
- 相手との距離感・温度差の合わせ方
- 導入（つかみ）のネタ

Fグループ
- 最初からどうつかむか
- どう相手から考えなどを引き出すのか
- 緊張したときにどうする？
- 相手が聴く気がないときにどうするか

Cグループ
- 相手に伝わる効果的なプレゼンとは？
- 興味がない人にはどうしたらいい？
- どうしたら行動してもらえるか？
- 緊張しない方法は？

㋐見える化する――受講者一人ひとりの意見を大切に扱い、かつ共有しやすくするためにも、ホワイトボードや模造紙などを使い、グループワークの内容をまとめて記録します。

㋑問いをつくる――受講者に、自分たち自身で研修テーマに沿った「問い」をつくってもらいます。そうしたグループワークを取り入れることで、問題意識が高まり、「ジブンゴト」としてテーマをとらえてもらいます。

㋒共有し、共感する――せっかく見える化した内容は、みんなの前で発表してもらうようにします。その際に講師から、

「具体的には?」「なぜ?」

という角度から深掘り質問を入れることで、理解しようとする姿勢が受講者に生まれます。また、意見に対して、

「確かにおっしゃる通りですね!」「私もそうでした!」

と共感の姿勢を示すことも、受講者を主人公にしていくポイントです。

㊤問いを解決する――これらの問いに対しての解答を、受講者自らに紐づけて考えてもらう、ということも高い効果を発揮します。たとえば、このグループワークの後、講師から効果的なプレゼンに関する技術的なことをいくつかレクチャーしました。その上でまた、講師からグループワークを指示しました。

「いまの技術をマスターできれば解決できることはあるのか、先ほどのホワイトボードをチェックしてください」

というようにします。

以上、4点のポイントを工夫した結果、すべてのグループが「すべて解決できる」と驚きの笑顔とともに発表してもらうことができました。その上で、

「では、各自の課題を解決する。つまり、技術をマスターするために、ロールプレイングで練習してみませんか？」

と投げかけ、トレーニングに入っていきました。その後すっかり研修が自分のこととして受け止められるようになった受講者は、一生懸命トレーニングに励み、研修の事後アンケートでも満足度はオール5という結果になったのでした。

いかがでしょう？　この通りのパターンでなくても、あなたの研修のグループワークに工夫を加えてはいかがでしょうか。

ケーススタディの活用

ケーススタディ、いわば事例研究について整理していきましょう。これは

「あなたが○○といったシチュエーションに置かれたらどうしますか？」

といったワークを通じて、研修の学習内容を疑似体験してもらうという手法です。ここでのポイントは、いかに受講者に合わせたリアルな状況のケーススタディを、講師が事前に開発できるかということになります。

身近にあると思えるようなリアリティーさがあればこそ、受講者も研修にのめり込みますし、学習内容を現場で使うときに役立つシミュレーションになります。

私が使っているケーススタディのいくつかの概要を記載しますので、イメージ

してください。

たとえば、新入社員研修で「仕事の優先順位づけ」を教えたいときですが、まず想定は、次のようなものが多いでしょうか。


「あなたは○△会社の営業企画部の若手社員です。今日も1日がはじまる前に仕事のスケジュールを考えます。次に付箋10枚がありますが、10個の仕事に対して、それぞれ仕事概要、関係者、作業にかかる時間、完了までの納期が記されています。まず緊急度・重要度の軸で付箋を分類してください。その上で1日のタイムスケジュールを作成してください。制限時間は10分です」


といったものです。

このケーススタディのミソは、事前に私と研修事務局の方で打ち合わせをして、付箋に記載する内容を、本当に現場でよくある内容に練り込んでおくことです。

このようにケーススタディに取り組んでもらった後は結果を共有し、「どうしてそうなったの？」「その理由は？」などと、受講者の考えを引き出します。その上で、模範解答を示し、「仕事の優先順位づけで大切なこと」をレクチャーしていく、という流れで進めていきます。

その他のケーススタディとしては、「A4用紙いっぱいに箇条書きされたメモ内容を分析し、結果を1分で報告せよ（ロジカルシンキング研修）」という想定で取り組み、情報のMECE（モレなく、ダブリなく考えるというロジカルシンキングの思考法）をつかった整理の仕方をフィードバックします。

また、「部下役だけが持つ情報シートに悩みが5つ記載されています。上司役はそれをすべて5分以内に上手に聴き出してみよう（コーチング研修）」といった想定で取り組み、共感を表現する聴き方の基本的ポイントなどをフィードバックします（時に、合わせ技でビデオカメラ撮影も同時に行うこともあります）。

私は、こうしたよく使う、つまり効果が出るケーススタディの基本のひな形パターンを40個程度持っていますが、それぞれのクライアント企業の実態に合わせてカスタマイズして活用するようにしています。

手間がかかりますが、ぜひ自分の研修テーマにあったケーススタディの開発にチャレンジしてください。受講者を主人公にし、学習効果を高めるだけでなく、あなたの企業にとって人材育成ツールとして財産にもなっていくはずです。

ロールプレイングの活用

「ロールプレイング」も、受講者を主人公にする上で、グループワークと並んで研修に取り入れていきたい手法です。ロールプレイング（以下、ロープレ）とは、役割（ロール）を演技（プレイング）する、ということからわかるように、たとえば営業役・お客様役に分かれて商談ロープレ、上司役・部下役に分かれてコーチング対話ロープレを行ったりします。

ここでは、学習効果が高まるためのロープレの工夫を紹介しましょう。

㋐イソロク指導の流れ――有名なイソロク（山本五十六）指導の流れが、実はロープレ指導の基本的流れです。イソロク指導とは「やってみせ」→「言って聞かせて」→「させてみて褒める」という指導の手順です。

㋑客観視のしかけづくり――さらに、ロープレで絶大な効果を発揮するのが、ビデオカメラを使って撮影することです。受講者のロープレを撮影し、その後、再生しながら一緒に観てみます。すると、講師が何も言わなくても、「私、ここが抜けていますね」「ここが気になります」などと、客観的な振り返りを自動的にしてもらえます。

鏡を見て身だしなみを整えると同じことで、自分を映像で見ることで、いろいろな自分の課題を発見できるようになります。この方法もA社の「講師力養成研修」の事例で、紹介していきましょう。

たとえば「仕事を上手くやる一番のコツ」をテーマに3分間レクチャーを、実際に講師役として話してもらうシチュエーションだとしましょう。

その場合、まずは私が3分間でレクチャーを「やってみせる」わけです。やってみせることで、受講者がこれから取り組む課題のゴール、完成型のイメージを持ってもらいます。

次に、「言って聞かせて」ということで、私が自分のレクチャーを振り返り、「なぜ、こうしたのかと言うと……」などと、自分が行ったことのポイントを伝えていきます。そうすることで受講者もやることが、具体化されていきます。

その上で、実際に受講者に「させてみて褒める」のです。自分のトーク作成の準備時間を置いた後、ロープレをやってもらいます。もちろん、どんなロープレでも最初から上手くできる人は多くありません。

それでも良かった点を発見し、講師が褒めれば、受講者の「もっとできるようになりたい」という成長意欲を刺激することができます。このようにイソロク指導の流れを意識し、受講者の「納得感」を積み重ねながらのロープレ運営が基本になります。

ここからは応用的な映像の使い方ですが、まず手軽にやりたい場合です。そんなときは、受講者のスマホやタブレットの動画撮影機能を使って、お互いに撮影し合ってもらうといいでしょう。和気あいあいとした空気も生まれ、研修を盛り上げる効果もあります。

次に代表ケースとして学ぶ教材に使いたい場合です。私は自分のビデオカメラを常に研修会へ持参しますが、撮影した映像はすぐにパソコンに取り込み、プロジェクターで大々的に写します。時に一時停止を入れながらポイントを再確認していくことで、学びが深まります。ただし、基本的にはダメ出しではなく、

「このポイントを押さえましょう」
「ここがさらにすばらしいです」
「みなさんもぜひ、○○さんのここを参考にしたいですね」

などといいところを見つけ、コメントをしていきます。ロープレに取り組んだ人を、まさに研修会のスター、つまり、主人公にしていくのです。本人のやる気が倍増することは、間違いありません。

ツーウェイレクチャーの活用

ここまで「受講者を主人公にする運営手法」として、グループワーク・ケーススタディ・ロールプレイングを確認してきましたが、どの手法のまとめにも共通

する講師スキルとして、レクチャー（講義）スキルがあります。

基本的な研修内容を講師の話で落とし込むスキルが、レクチャースキルです。

レクチャーというと、大学教授のように講師が一方的に研修内容を解説するイメージを持たれているかもしれません。たしかに大ホールで行う大人数対象のセミナーであれば、そのようなスタイルにならざるをえないのですが、私たちが実施するのは、教室で実施する研修ですから、そのスタイルではいけません。研修をするときのレクチャーの基本は「ツーウェイ（双方向的）」です。

一方的に講師が解説し続けてしまうと、受講者は聞くだけといった受け身になってしまいます。話が上手な外部のプロ講師であれば、一方的に話しても受講者を飽きさせず、巻き込んでいく工夫ができるかもしれませんが、それはかなりレベルが高いものです。

もっとも簡単に受講者を受け身にさせない工夫こそ、ツーウェイ＝「受講者に問いかけ、考えさせ、答えさせる」ことです。

言葉にするとツーウェイは簡単そうに聞こえますが、このツーウェイがうまくできない（できていない）講師が多いのは事実です。正確には、講師が受講者に問いかけても、受講者が答えてくれない（答えられない）ケースが多々あるからです。なぜ、そのようなケースに陥ってしまうのかを考えてみましょう。

㋐受講者が答えない要因1――講師の問いかけが、いきなりむずかしすぎる

講義を聞いている中でいきなり問いかけをするわけですから、受講者はそれに答える心構えができていません。にもかかわらず、

「営業として実績を上げる要素はなんですか？」

「CSとは何の略ですか？」

と何とでも答えようがあったり、または考え込んでしまうような（間違えたら恥ずかしいと感じる）問いかけをされても答えられないのは、当然のことです。

そこで、初めのうちは誰もが答えやすい「イエス」か「ノー」で答えられる問いかけを多用していきましょう。たとえば、

「行動量を増せば営業として実績は上がりやすいですか、上がりにくいですか」

と問いかければ、

「上がりやすいです」

と答えることは間違いないですね。このように答えやすい問いかけを通じて、受講者が答えることに慣れて来るのを待ちます。それから、少しずつ答えが何でもありの問いかけや考えさせる問いかけを折りまぜていくことをお勧めします。

㋑受講者が答えない要因2――講師が受講者の答えを受容しない

受講者がせっかく答えても、講師がそれを受容してくれないと、受講者は意欲が萎え、それ以降の問いかけに答えなくなってしまいます。これは、講師としてはこう答えてほしいなと期待をしていますが、それに反した答えが返ってきたときに起こりやすいものです。

講師の残念な例としては、受講者の答えに対して真っ向から

「違いますね、○○さんはどうですか?」

と全否定し、違う受講者に問いかけたり、

「ん……他には?」

と暗に否定してしまうなどです。

たしかに、意に反した答えですから、受け入れがたい気持ちもわかりますが、正しいかどうかで判断をせず、「なるほど、この受講者はそう考えるんだな」と受け止め、受け入れ、

「～（受講者の答えを反復）ということですね、△△さん、回答ありがとうございました」

と答えてくれたことへの感謝を伝えることで、受講者はその後も問いかけに答える姿勢がつくられていくのです。このようにしっかりと答えを受容した後で、

「○○さんはいかがですか？」

と違う受講者へ問いかけるようにしていきましょう。ちなみに私の場合、意に反した答えに対しては「そういう考え方もあると思います」などと肯定しつつ、暗に否定する表現を用いて、全体をライトな笑いへと変えるようにしています。

コツ

講師からの一方的な講義は、受講者の参加意欲を引き下げる。ワークやツーウェイレクチャーなどの運営手法を駆使して、受講者を主人公にする研修をつくろう。

即興演劇手法「インプロ」で気づきを促す
——ドルフィントレーナーゲーム

インプロビゼーションとは、即興演劇手法、略してインプロと言われるもので、研修業界においては比較的新しいものです。もともとは舞台に立つ役者さんたちが、スムーズに即興演劇をするために開発されたトレーニングなのですが、それを研修で応用してみようという発想です。

インプロで何が鍛えられるか、というとコンテンツによってさまざまな気づきがあるのですが、「即興」なだけに、やはりまずは状況対応力でしょう。そして、「演劇」なだけに受講者を主人公にする効果も非常に期待できます。

あなたが講師として提供するテーマを、受講者が自分のこととして受け入れ、現場で状況対応しながら活用するには、うってつけなのかもしれません。WEBで「インプロ」と検索すると多数の関連書籍が出てきますので、より自分の研修の質を高めるように、研究してみてください。

参考に「講師養成研修」で実際に取り入れているインプロの一つを紹介します。名づけて「ドルフィントレーナーゲーム」です。イルカの調教師という意味です。「講師の基本的スタンスって何でしょうか?」ということを深めるために用いています。

進め方は、まず5~6人のグループの中で1人、イルカ役を決めてもらいます。そして残った全員がトレーナー役です。役が決まったら、トレーナー同士だけで、イルカ役には内緒で「イルカに達成させたい目標」を決めてもらいます。たとえば、「手元のペンを取り、自分の名前を書く」「ジャケットを一度脱いで、椅子にかける」といったシンプルな目標がわかりやすいでしょう。

さて目標が決まったらイルカを交えて、どれだけ短時間で目標を達成できるかに挑戦するのですが、ここで条件があります。それは、

㋐会話禁止
㋑指差し禁止

です。ただし、

㋒イルカが目標に近づいた行動をしたら「リン！　リン！　リン！」というベルの音を口で言います（その強弱のつけ方などでイルカの行動をリードできる）。

講師の「スタート！」の合図ではじめますが、とても盛り上がります。大の大人達が一生懸命「リンリンリン」を連発することもあるでしょう。目標達成できたら、お互いに拍手をして終了します。それからが大切です。まずは問いかけて、「イルカに目標を達成させるために大切なことは何か？」を考えてもらいます。すると、たくさんの意見が出るのですが、おもしろいことに3つの角度に集約します。

㋐目配り
㋑気配り
㋒心配り

という3点です。たとえば目配りは、イルカもトレーナーもお互いの行動をよく観察しないとはじまりません。気配りは、イルカもトレーナーもお互いが行って欲しいことは何だろう？　と想像力を働かせて相手の気持ちを察しないと、目標達成に結びつかない。心配りはリンリンリンという小さくてもポジティブな賞賛の積み重ねが、イルカにとってもトレーナーにとっても行動を加速させる原動力になる、ということです。こうしたフィードバックを行った後に、

「目配り、気配り、心配りは講師として最も基本的なスタンスですね。みなさんは日頃できていますか？」

などと講師からまとめの問いかけを発信するのです。「なるほどね」と、深い納得感が必ず得られます。楽しみながら気づけるのがインプロのいいところです。

ドルフィントレーナーゲームは、コミュニケーションに関する研修でしたらすべてに使えますし、インプロゲームそのものは数え上げれば、１００種類以上は存在しています。ぜひ、みなさんも自分の研修テーマにあったインプロを発見して、使ってみたらいかがでしょうか。もちろん、アイスブレイクに用いていくことも有効です。

受講者の興味や集中を維持する

テクニック④
惑わせないでリードし続ける

適切な指示をする

ここまで受講者を研修への「参加を促す」ために何をすべきかを確認してきましたが、「参加を阻害しない」ことも同じくらい重要なことです。

まずは、阻害しないことを徹底できているかどうかが、ベースであることを忘れないでください。

あなた自身が受講者として研修に参加した際に、講師が話している内容がテキストのどこを説明しているのかわからず、置き去りや迷子になってしまったといった経験をしたことはないでしょうか。

そういう状況になってしまうと、講師が話している内容はまったく頭に入らず、「おいおい、一体どこの話をしているんだよ」「不親切な講師だな」と意識が横道に逸れてしまい、研修への参加どころか、参加意欲すら下がってしまうことでしょう。

他には、少しぼっーとしてしまい、テキストに目を落としているうちに、次のスライドに進んでいて、見逃してしまった。投影スライドのページと受講者テキストのページが合っていなくて困惑した。その上いきなり
「ペアでワークをしてください、どーぞ!」

と言われ、誰とどう組めば良いのかもわからずイライラしたなど。このように無意識に受講者を惑わせてしまう運営をしてしまっている講師は多いものです。もともと受講意欲の高い受講者でない限り、一度、惑わされた受講者の参加意欲は、そうそう戻ることはありません。

「受講者の参加を阻害しない＝受講者を惑わせない」ためには、そんなことまでと思われる些細なレベルまで、こと細かく指示していくことが重要です。

「○ページを開いてください」
「○行目を読ませていただきますね」
「前のスライドを見てください」
「この2行にはアンダーラインを引いてください」
「正面のスライドでは○ページですが、お手元のテキストでは△ページとなっていますので、注意してください」
「正面の方とペアを組んでください」

と子どもに大切なことを教えるときのように一つひとつ丁寧に指示してください。

「微差は大差」と言われるように、一見些細な言動の積み重ねによって、大きな歪みにつながるものです。

細かすぎて面倒だなと感じるかもしれません。しかし、あなたがその微差に気を使うことで、受講者は細部まで気配りのできる講師として、信用が高まるようになります。

適切に休憩をとる

私が研修を運営していく際に、重要視している点の一つが、「休憩を入れるタイミング」です。この休憩タイミング一つで受講者の研修への参加度合いが変わると言っても過言ではありません。

私が講師業の駆け出しの頃、自分なりに上手くいったと感じた研修ができたときと、自分としては上手くいったとは言い切れない研修になったときがありました。その違いは何かを分析しようと、自分の研修運営を明文化してみたものです。

研修のタイムラインに沿って、開講からどのような話をしたのか、どんな事例を用いたか、ワークに入るタイミング、フィードバックの内容といった表面的なことから、それぞれの場面で自分は何を意識していたか、どう感じていたかなど。

確かに細かい違いは多々あったのですが、驚いたことにその違いの中で最も大きい共通項は、「休憩タイミング」だったのです。

人が本当に集中できる時間は、15～20分と言われます。小学校の1コマは45分、中学校で50分、高校で55分。大学では1時間半……熟睡してしまっている人をちらほら見かけますね。

研修においてはワークなどの受講者が何かをする時間を含めて、どれだけ長くとも1時間半以内には休憩を入れることが肝要ということです。レクチャーのみで運営する場合は、1時間程度が限界でしょう。

先日、私が外部の研修に参加したときの話です。朝9時の開講から、レクチャー中心の研修が進んでいきました。1時間ほどで、私も周囲の受講者も集中力の限界が見えはじめ、「休憩はいつごろ入るのだろうか」という戸惑いを感じていました。

ぶっ続けで2時間が過ぎた頃にようやく一つの単元の区切りが来たので、休憩に入るぞ、と思っていました。その後、講師の方から衝撃のひと言が……、

「では、次のページを開いてください」

と。その瞬間に、この講師は受講者の心理や状況をまったく理解していないなと感じ、一気に参加意欲が下がるのを実感したものです。

受講者の中には、トイレを気にしている方や休憩時間を利用してお客様対応の電話をしようとしている方など、それぞれ事情があります。研修であれば、1時間から1時間半で休憩に入ることを念頭に置いている方が多いはずです。

にもかかわらず、講師都合で休憩も入れず、研修を続けていては「いつになったら休憩に入るんだ」「どこまで集中すればよいのか」と受講者を惑わせてしまっては、参加意欲を高めるどころではありません。

休憩タイミングの基本は、スタート時は1時間程度で10分の休憩を入れること。これは、立ち上がりはまだ参加意欲が高まっていないので、早めの休憩を入れるのがベストです（昼食休憩後の午後も初めの休憩は、1時間程度で10分程度の休憩をとること）。

あとは1時間半ごとを目安に休憩を入れるように設計し、最後の時間は、ゴールが見えていることと、すでに研修に参加しきっていることが推察されるため、1時間半を超えても大丈夫です。

研修時間ごとの休憩タイミングの例を参考に、休憩を軸に研修を組み立てておくこと。またあらかじめどのくらいのタイミングで休憩を入れるのかは、

GRIPの研修の流れ（全体像）を伝える受講者へ告知しておくことを強くお勧めします。

コツ

微差は大差なり。細部まで気を配った適切な指示出し、休憩時間のタイミングで、受講者を惑わせない運営を意識しよう。

受講者の興味や
集中を維持する

テクニック⑤

集中を妨げないでリードし続ける

無意味なクセを排除する

「参加意欲を阻害しない」ことの重要性やその具体的なテクニックの一つとして、「惑わせない」ことを確認してきました。ここでは、休憩タイミングのコーナーでも少し触れましたが、「集中を妨げない」ことについて確認していくことにしましょう。

私たち人間はいろんなものが見えているようで見えていない、聞こえているようで聞こえていないものです。

これは脳自体が、あまりに大量の情報を入れてしまうとショートしてしまうため、必要な情報以外をシャットアウトするシステムになっているからです。つまり、必要な情報のみ取り入れるということです。では必要な情報とはどのような情報でしょうか。

たとえば、身近に妊婦さんがいるとしましょう。すると、生活している中で、妊婦さんがやけに目に入ります。他にも、ワゴンタイプの車が欲しいと購入を考えはじめたとします。そのとたん不思議と、同じ車種の車がやたらと目についたりする。そんな経験はありませんか。

つまり、人は自分が意識したもの、興味を持ったものしか見えない、認識できないのです。必要な情報とは自分の関心のある、興味を持った（興味のアンテナが立った）情報ということになります。

ですから研修では、いかに受講者に研修内容に興味のアンテナを立たせるかが重要なわけです。ここではまず、その興味を重要なこと以外に向けさせてしまっていないかをチェックしておきましょう。

余談になりますが、芝居の世界では舞台上において、役者以外でお客様の関心や興味をすべて持っていくものがあると言いますが、それは何だと思いますか？答えは、子どもと動物だそうです。舞台役者の決まった（意識的な）セリフや行動ではなく、予測不能な（無意識的な）行動には関心を持ってしまうからだそうです。

では研修において、「無意識な行動」とは何でしょうか。

それは、講師が行っている「無意識のクセ」です。「無くて七癖」ということわざがありますから、誰しもが自分では気づかずやってしまっており、それが受講者の興味を研修内容から遠ざけてしまっている恐れがあるのです。まとめると、いかに自分の無意識なクセの排除に努めることが大切です。

具体的に無意識なクセとは……揺れ（スイング）・片足重心・徘徊・すり足・腕組み・手をポケット・髪や鼻などをいじる・言葉のヒゲなどです。

とは言っても、やはり自分のクセには気づきにくいものです。これに気づく一番の方法は、自分の研修をビデオ撮りし、客観的に見てみることです。

ちなみに「言葉のヒゲ」とは、文章と文章の間についつい挟んでしまう「え〜」「まあ」「まっ」「あの〜」というひと言のことです。日常会話では、この言葉のヒゲはまず挟まることはほとんどないと思います。

しかし、何か決まったことを話そうとすると、文章間で考える時間を埋めようと挟《はさ》んでしまうようなのです。

この言葉のヒゲ自体には大きな問題はないのですが、受講者が「この講師はえ〜が多いな」と感じてしまったら大変なことです。なぜならば、受講者は「え〜」に関心を持ってしまったのですから、そればかりが聞こえる状態になってしまっているからです。

ややもすると、あなたの「え〜」の回数を机の下で数えているとすれば……、あなたの話が耳に入っていないということも起こりかねません。

こんな事態を招かないためには、まずは自分がどれくらいこのクセを挟んでいるかに気づくことです。具体的には、「1分間、途切れなく、自己紹介を実施」しながら、文章間でついつい挟んでいないかを確認してみることです。1分間で10個以上の言葉のヒゲは、多い方と判断できます。

自分で気づくことができたら、少しづつ言葉のヒゲを挟まないように「1分間自己紹介」トレーニングを繰り返してみてください。

初めはややストレスを感じると思いますが、言葉のヒゲが減れば減るほど、あなたの話がストレートに受講者に伝わりやすくなるのは確かです。

コツ

無くて七癖。講師自身が気づいていない、無意識の癖に気づき、排除し、受講者の集中を妨げない運営を意識しよう。

COLUMN

居眠りは簡単に防げる
——効果的な5つの手法

あなたが研修やセミナーに参加したときに、眠気に襲われたり、ボーッとしてしまった経験はありませんか。それがどのようなときだったのかを振り返ってみれば、居眠りしたり、集中力が低下している受講者への対応法が見えてきます。

そもそも眠気とは、心や体の疲れが溜まってきたときに、少し休みなさいという脳からの信号によるものです。ここを踏まえた対応例を紹介しましょう。

一つ目は、休憩タイミングです。1時間から1時間半ごとに休憩を取ります。受講者の疲れを蓄積させず、研修に集中してもらうことにつながります。ちなみに空調温度も重要です。やや低めに設定し、眠気に襲われない環境づくりにも気を遣いたいところです。

二つ目は、受講者に「何かをさせる」ことです。受け身状態を避けるには、受講者が自分で考える環境をつくったり、体を動かしてもらうことです。特に眠気に襲われやすい午後2時前後は、ワークによる討議、ロールプレイングによる実演の時間にあてるなどの工夫を入れることをお勧めします。私の場合、クラス全体が疲れてきたなと感じた際は、一度全員に立ち上がってもらい、軽い体操を入れることもあります。

三つ目は、受講者の緊張感を保つことです。講師が一方的に解説し続けることほど単調で受け身な時間はありません。解説する際は受講者をあてながら、ツーウェイで（双方向的に）解説を進め、次は自分があたるかもしれないという意識を持たせることです。たとえば、

「これは○○さん、どういうことでしょうか」

と、いきなり質問を投げかけられた受講者は寝ている暇がありません。

四つ目は、運営に変化をつけることです。特に単調になりやすい解説の時間には、

「この点についてお隣さんと1分ほど考えてみましょう」

とショートワークや解説内容に関連するクイズを挟むことで、運営のリズムを変えることは非常に有効です。

五つ目は、居眠りしないような自己・相互管理策を講じておくことで

す。たとえば私の場合、研修の冒頭で
「午後は特に睡魔に襲われるかもしれませんが、休憩は1時間程度で取りますから危ないと感じた際は時計を見て、あと○分頑張ろうと自ら奮い立たせてください。また、もし、寝てしまった場合は、隣の方が起こしてくださいね」
と伝えたりしています。
それでもまだ居眠りをしてしまう受講者に対しては、初めはやさしく
「○○さん、異次元に行っていませんか」
などと軽くジャブを打ち、それ以降は
「2回目ですよ、しっかりしましょう」
と段階的に注意をしていきます。時には、あくまで研修は会社からお給料をいただいている業務の一環なわけですから、仕事中に寝ていることと同じだと解くことも必要でしょう。

受講者に研修内容を落としこむ

テクニック⑥

理解が深まるレクチャーの組み立て方

研修内容を落とし込む決め手

ＬＥＡＤの一つ目の車線「興味や集中を維持する」テクニックを共有してきました。ここからは、二つ目の車線「研修内容を落とし込む」について、具体的に共有します。

落とし込むにはまず、講師と受講者の両者が同じ問題意識（課題）を持つことが、スタート地点となります。

ここは、ストーリーテラー濱野の体験談事例を中心に見ていきましょう。

今でこそおかげさまでプロ講師として活躍できている私でも、実は講師をはじめたころは、自分では伝えたつもりでも、受講者には、じつは内容が伝わっていないという状況に落ちいり、途方に暮れたときがありました。

どうすれば受講者に伝わるのだろうとしばし悩みましたが、そんなときに身につけたのが、「Q‐PREP（プレップ）話法」です。Q‐PREP話法とは、

㋐Q＝QUESTION（質問）
㋑P＝POINT（結論）
㋒R＝REASON（理由）
㋓E＝EXANPLE（事例、具体例）
㋔P＝POINT（結論を繰り返す）

のことで、課題をみんなで共有した上で、その解決法をストーリーにそって紐解いていくことができる話法のことです。この話法の良い点は、受講者の興味を

ひきつけてからその理由を論理的に説明していくので、伝わり方、説得力が段違いに向上する、ということです。

実際にこのQ‐PREP話法を使うようになってからは、受講者が私の話に耳を傾け、頷きも多く、参加してくれるようになりました。さらに使っているうちにわかってきたのは、Q‐PREP話法は、受講者と課題を共有することができるだけではなく、話し手と聞き手に生じがちな心理的な距離感を縮めるきっかけになるということでした。

受講者が、講師の話を「自分事」として受け止めてくれるようになり、伝えたいことへの理解度も確実に高まっていったのでした。まさに大事なことを伝えるときこそ、話しの組み立てが大切であることを痛感したのでした。

では具体的にはどうすれば、受講者に大事なポイントが伝わるのでしょう。ここからはQ‐PREP話法について説明していきます。

なぜQ‐PREP話法が伝わるのか

Q‐PREP話法を使って研修を進めると、受講者の潜在的な興味を引き出し、さらに学んでほしい大事なポイントをわかりやすく、的確に伝えていくことができます。

たとえば、若手営業パーソンを対象とした営業力強化研修を担当したと仮定します。そのときにPREP話法をどう使っていけばいいのか、その具体的な進め方を順番に整理してみることにしましょう。

・P――POINT（結論）では、研修内で何を言いたいのか、その着地点を最初にストレートに示して、受講者の興味を惹きつけるようにします。たとえば、次のような使い方をします。

「トップセールスからもっとも見習うべきことは、自己管理なのです」

一般的に、営業パーソンの多くが営業成績を上げるために興味があるのが、トップセールスの話法やツールの使い方などスキル面に関することでしょう。そこに「自己管理なのです」と話を持っていくことは、営業パーソンにとってみれば意外性があります。

この意外性こそが実は、研修を進める上で大事なことで、これから話すことに関して受講者の興味を引くことができます。結論から切り出すことで、研修に引き込んでいくことが可能にもなるのです。

・R——REASON（理由）では、POINTで伝えたことの理由や背景などを説明し、理解を促すようにします。

「なぜかと言いますと、自己管理ができていない営業パーソンはいつのまにか活動の質も量も低下し、それが1年間積み重なると非常に大きな差となってしまうからです」

しかし、これだけでは理由の説明がまだまだ抽象的です。そのため受講者全員に、同レベルで理解してもらいにくいところがあります。

そこでみんなが同レベルのイメージ化ができるように、次のステップに進んでいきます。

・E――EXAMPLE（事例、具体例）

では、わかりやすい事例やデータを用意して丁寧に説明していきます。状況がイメージしやすいので、受講者の納得感を高めることができます。

「たとえば、月の下旬に比べ、上旬は訪問件数が大きく減ってしまう傾向があります。みなさんもお手元の『日別活動量一覧』で、ご自身の実態を確認してみてください」

もともと営業パーソンの関心が高い身近な客先訪問の話題をベースに、具体的な数字やデータを織り交ぜながら説明していくと、さらに理解が深まり、納得を促すことができます。

・P――POINT（結論を繰り返す）では、要点を繰り返して記憶にとどめてもらうように工夫します。

「だからこそトップセールスに共通する特徴は、実は自己管理なのです。今、自分の傾向をチェックしてみましたがいかがでしたか？
しっかり振り返るとそれだけで、これからはこうしよう、ああしよう、といった考えも、自然とわいてきたのではないかと思います。自己管理により常に高いモチベーションが維持されて初めて、知識もスキルも活かされ、磨かれるのです」

なぜ、ここで最初に提示した結論をもう一度繰り返すのかですが、（人間は細かな部分に目が向いていくほど、大局でとらえたほうがよいポイントを、忘れてしまいがち）防止するには、大事なポイントを繰り返すこと。そうすることで、伝えたいメッセージがより深く受講者の心に刻み込まれていくことになるのです。

一通りPREP部分の概要はイメージできたと思いますが、では、Q‐PREP話法の「Q」とは何でしょうか？

これはクエスチョン（質問）のQを省略したものです。

PREP話法の最初のPで、いきなりストレートに結論を示す前に「Q」質問することで、受講者の問題意識を引き出し、知的好奇心を盛り上げ、結論を伝えていくことでより聞き手に深く理解を促すことができます。

・Q――QUESTION（質問・問いかけ）：最初にテーマに関する質問を投げかけ、参加者の関心を高めます。

では、先ほどの事例で確認していきましょう。

「トップセールスに例外なく共通する能力とは何でしょうか？」

トップセールスと言っても、さまざまなタイプがあります。その中で「例外なく共通する能力」と、ここまで言い切られ問いかけられると「一体なんだろう?」という疑問で頭が一杯になり、「早く知りたい」という欲求によって関心が高まります。

私もかつて「質問」から入るテクニックを教わったことで受講者の反応が変わり、それをきっかけに「伝えること」に関して自信が芽生えてきたことを、今でもありありと覚えています。

講義中に「みんな自分の話をきちんと聞いてくれているのかなぁ?」という不安を感じたことがある方も、ぜひお試しください。

研修内容をしっかり持ち帰っていただくために講師が常に念頭に置かなければならないこと、それは受講者の「納得感」を高めることです。では、納得感を高めるために不可欠なことは何でしょうか?

たとえば、わかりやすく話すこと、受講者の意見を尊重すること、的確な事例でリアルにイメージさせることなど……。挙げていけばきりがないかもしれません。

その中で欠かすことのできないことを一つ選ぶとすれば、それは結論と理由の明確性です。明確性とは、結論と理由の結びつきが論理的に明確であることを意味します。

なぜ、納得感を高めるために結論と理由の明確性が、不可欠になるのでしょうか?

それは、納得とは「理解して承知すること」だからです。したがって、結論とその理由を結ぶ論理がしっかりしているほど理解が深まり、理解が深まるほど、自ずとより深い納得につながるのです。

ところで、自分が受講者に伝えた結論と理由は、明確なのだろうか? そんな心配がよぎった場合は、どうすればいいでしょうか? そんなときは、その結論と理由を自分自身に言い聞かせてみれば、簡単に判明します。

自分が深く「うん、その通りだ」とうなずくことができれば、ある程度は大丈夫でしょう。逆に言った本人すら確信を持てないようであれば、参加者は間違いなく納得していません。

私はこの問いかけを研修直前まで、何度でも行っています。この習慣が講師としての私を支えていると言っても、過言ではありません。

コツ

Q-PREP話法で、講師と受講者が同じ問題意識を持てるようにすること。その上で抜群の納得感を生み出すこと。Q-PREPの組み立てを徹底的に駆使しよう。

受講者に研修内容を落としこむ

テクニック⑦

右脳に効くイメージの伝え方

ストーリーで記憶に残す

Q-PREPの中でも重要なE…事例の使い方、組み立て方を見て行きましょう。事例には、聞き手の脳内で映像に変換され、理解され、記憶されやすい要素がたくさん詰まっています。

脳には右脳と左脳があり、知覚や感覚的なことを処理するのが得意な右脳と、思考や論理的なことを処理するとされている左脳があります（この事例は右脳に作用するからなのでしょう。耳から入ってきた言葉や数字などの情報は、左脳で論理的に分析され、記憶される）。

ただし、左脳は記憶するエリアが少なく、言葉や数字などでそのエリアがいっぱいになると、後から入った情報が重ね書きをしていきます。よく「たった10分前に聞いたばかりのことなのに、次から次に忘れてしまう」と言うのはこのためです。

つまり、聞いたことを記憶に残すには、言葉や文字だけに頼る左脳へのアプローチだけでは限りがあるのです。ですから社内講師が受講者である聞き手に伝えたことをきちんと記憶してもらいたいなら、知覚や感覚的に訴える右脳へのアプローチをする必要があります。

と言うのも、右脳の記憶容量は左脳に比べて大きいですし、多量な映像情報を、データとして記憶できるからです。視覚イメージ化しやすい事例を盛り込んだ話し方は、知覚や感覚的に作用し、右脳の膨大なデータベースエリアに記憶されていくのです。

ですから社内講師は、ぜひとも受講者の記憶に話したことの記録を残すためにも、事例をうまく使い分けられるようになりたいものです。ただ脈略のない事例、細部にこだわり過ぎた事例は、残念ながら受講者の心に響きません。それに事例は、社内講師が講義の中で最も伝えたい本質的な部分ではなくて、あくまで伝えるためのテクニックであることも忘れてはなりません。

では、事例はどのような使い方をすれば、その役目を果たせるのでしょうか。一般的に事例は大きく4種類に分かれると言われています。これらの特徴と活用について具体的に整理してみます。

㋐一般事例――業種業界、あるいは自社他社を問わない事例です。顧客満足の重要性を共有するために東京ディズニーランドのキャストの例を使うようなケースです。テレビドラマや、映画の事例なども使えます。深い理解には至らないかもしれませんが、大勢の共感を得るには効果的です。

㋑同業社事例――自社と同業界の他社事例です。これらの事例は集めにくいかもしれませんが、一般事例に比べ、ずっと実感をともないやすく、効果的です。

ⓤ自社事例――その名の通り、自分の会社における現状をベースにした事例です。共感を得やすい、いわゆる「あるある」事例です。リアルに描きやすい反面、特定の人や部署を想起させたり、中傷されたと誤解を招きかねないので、細やかな配慮も必要です。

ⓔ自分事例――講師が自分自身で体験、取材してきた事例です。体験や実情に基づくのでリアリティは抜群ですが、武勇伝や自慢話に聞こえないように、上手に組み立てましょう。

手順としては、ⓐ→ⓘ→ⓤ→ⓔと徐々にイメージを落とし込み、理解を深めていくのがセオリーです。いろいろと試行錯誤しながら、得意な事例を増やしていくようにします。

視覚効果を大いに利用する

イメージさせるためのもう一つの方法として、視覚効果を最大限活用していく方法について確認していきましょう。人間は5感（視覚・聴覚・味覚・嗅覚・触覚）で情報を受け取りますが、中でも視覚は大きな割合を占めます。にもかかわらず、講師が言葉だけで受講者の聴覚に訴えるだけなのは、非常にもったいないことです。

視覚効果の活用と言えば、投影スライド、ジェスチャー、板書、技術教育であれば、実機や技術資料などを活用することにあたります。ここでは投影スライド、ジェスチャー、板書について触れていきましょう。

最近ではパワーポイント資料をプロジェクターで投影したスライドを活用した研修が主流となっていますが、これが逆に受講者の学びを阻害する恐れも含んでいることを理解しておきましょう。

どういうことかと言うと、確かに投影スライドは大きく見やすくインパクトも強いため、受講者に訴求ポイントを強烈に与えると共に、全体に同じイメージを共有しやすいメリットがあるのは事実です。それゆえに、受講者の関心がスライドに奪われ、講師の話が右から左へ素通りしてしまい、結果として学びが薄くなる恐れがあるからです。

実際に私も受講したある研修において、非常に凝ったスライドを活用されている講師がいました。そのスライドはもちろんアニメーションや音声も入り、時折ユーモラスなものも含まれており、大変ユニークでおもしろかったなと感じましたが、いざ何を学んだのかと振り返ってみると、スライドがおもしろかったことしか思い出せなかったのが、現状でした。

つまり、注意すべきことはスライドに頼りすぎず、あくまで「メインは講師であり、スライドはサブ」という認識を持つことが大切です。

具体的な活用法としては、スライドを送ってから、そのスライドを読み上げるような説明をしているようではいけません。講師がメインになるためには、自分の話に合わせてスライドを送ることです。

そのためには、事前準備の段階でスライドの内容や順番はしっかり頭に入れておき、研修中はスライドを送る前置きの話をした上で、「そこで次のページですが～」とスライドを送り、そのスライドで伝えるべきポイントを絞って解説することで、受講者に研修内容を落とし込むことができることでしょう。

講師は「常に見られている」という意識と共に「魅せる」という意識を高める

ことが大切です。それは時に研修時の立ち居振る舞いで試されていると言っても過言ではありません。「魅せる」について、具体的な手法としてジェスチャーの基本を確認していきましょう。

講師は言葉を用いて話すのみならず、手も話している内容を補完する大切なしぐさであることを自覚します。大きなジェスチャーを用いることで、視覚効果はグーンと高まります。

しかし、ジェスチャーを意識するあまり、無駄なジェスチャーや無意識なジェスチャーを用いてしまっている方がいるのも事実です。無駄だったり、無意識なジェスチャーとは、講師の言葉を阻害するジェスチャーという意味です。

なぜならば、意図しないジェスチャーが話した言葉とマッチしていないと、講師の言葉がストレートに受講者に入りにくくなるからです。たとえば、「右から左へ」と言葉を発した際に、ジェスチャーはどうすべきでしょうか。

自分から見た右左と受講者から見える右左は逆になることから、講師視点で「右から左へ」とジェスチャーをしてしまうと、受講者視点では言葉とジェスチャーがあべこべになってしまいます（時計回りも同様）。だからこそ、ジェスチャーは、言葉の意味に合わせた意識したものであるべきなのです。

ジェスチャーと言うと体や手を動かすことと思われがちですが、基本は「静（止まった状態）」です。しっかりした立ち姿、座り姿、手が前で軽く組まれている（または自然に横に下ろしている）状態がキープされているかがポイントです。しっかり止まっているからこそ、「動（動いている状態）」が生きてくるのです。

また「動」と共に「止（動きの最後を止める）」を意識することで、動きにメリハリができ、魅せるジェスチャーへとなります。

最後に板書についてですが、昨今ではいきなり投影されるスライドを見るよりも、書かれていく文字をリアルタイムで追いながら見る方が、学習効果が高いことがわかってきました。それによって、板書の重要性が見直されつつあります。投影スライドに頼りすぎないためにも、ホワイトボードの活用にも力を入れることをお勧めします。

とはいっても、板書の文字に自信がない、綺麗に書けないと不安を持たれている方もいらっしゃることでしょう。ご安心ください。板書の文字は綺麗であることよりも、早く・大きく文字を書くことの方が重要です。また、板書は書く作業だけではなく、消す作業も受講者に見られていることも忘れてはいけません。

この書く、消すという作業一つひとつからも受講者は講師の人格を垣間見ることとなります。時々、ホワイトボードの消し方が雑で適当な講師を見かけますが、そのような姿を見るたびに雑な人、細部にまで気が回らない人のように感じてしまいます。だからこそ、板書一つにも意識をして取り組むことが大切です。

まとめると板書は「早く、大きな文字で書く」を意識し、その際、自分の体で受講者に板書が見えなくならないように、身を開いて（オープンスタンス）書く練習をすることをお勧めします。

逆に消すときは「ゆっくり丁寧に消す」を意識するだけで、受講者の講師への見方が変わることもあります。

コツ

ストーリー性のある事例と、スライド・ジェスチャー、板書の視覚効果を使う。受講者の左脳だけでなく、右脳に訴え、記憶に残る工夫を意識しよう。

受講者に研修内容を落としこむ

テクニック⑧

頭をスッキリ、学習ポイントの整理の仕方

切れ味のよいまとめと目的のリマインド

事例は受講者にリアルなイメージを想起させ、強力に理解を促進する効果があります。ただしインパクトが強い分、受講者の頭の中に事例ばかりが記憶として残り、本当に伝えたかったことが抜け落ちてしまうことが稀にあります。

たとえば、あなたも研修に参加しておもしろかったものの、「あれっ？　事例は覚えているけど、講師は結局、何が言いたかったんだろうか」と、振り返ってみると、大事なポイントは何一つ残っていなかったことはありませんか？

また、私が講師として1日研修を終えたときなどは、回収したアンケートに「事例がわかりやすかった」と感想が書かれていたものの、何を理解し、自分のものにしたのか、具体的なことが書かれていないことに気づき、進め方について反省したこともあります。

では、どうすれば、受講者に本質的なところを記憶として残してもらうことができるのでしょうか。

受講者に「事例がおもしろかった」だけで、研修を終えてもらわないようにするには、PREP話法の4文字目のP部分の結論を繰り返し、きちんと行うことです。

と言うのも、社内講師がここを意識しておかないと研修後、受講者の行動を促し、実際にチャレンジするまでに導くこと、つまり行動変容を引き起こす段階まで行きつかないためです。たとえば、こんな印象を残す研修もあります。

㋐出だしは勇ましいが、尻すぼみで着地が曖昧（または着地なし）。

㋑一つのポイントに対して内容が広がりすぎ、着地不能。
㋒出だしのポイントと最後の着地が微妙にズレてしまい、何かしっくりこない。
㋓その単元はよく理解できるのだが、次の単元との関係性が不明（各単元がバラバラ）。

これらはいずれも、講師が組み立てを明確に意識していなかったり、講師自身がレールから外れてしまったりすることで生じる問題です。逆を言えば、意識していれば防止できるとも言えます。

人は物事を理解しようと脳を働かせるときに、複雑さや曖昧さを嫌い、スッキリとシンプルな展開を望みます。そもそもQ‐PREPはトータルで納得感を高める話法なのに、Q・P・R・E・Pのいずれかの部分に偏ってしまえば、伝えたい内容がぼやけてしまいます。それでは本末転倒です。

単元の終わり、すなわち最後のP段階で社内講師であるあなたは、今までの展開をざっと振り返って受講者の頭の中を整理する手助けをする必要があるのです。ぜひとも、ここを踏まえて切れ味のよい「まとめ」をしてください。

たとえば、マナー研修の中の名刺交換のパートが終わったら、

「ここまで確認してきたように、名刺交換は単なる『名刺の受け渡し』ではないということをご理解いただけましたでしょうか。名刺はその人の顔そのものであり、名刺交換は自社を代表した相手とのあいさつなのです。ですから、しっかり身につけ、自信を持って名刺交換ができれば、たとえ新入社員であっても信頼関係構築のスタートを切ることができます。それでは名刺交換に引き続き電話応対に移りましょう。電話応対における心構えも基本は同じです」

このように、最後をキュッとまとめて次への足がかりをつくっておくと、単元が変わっても頭の切り替えがしやすく、さらに研修を一連のものとして捉えやすくなります。

さらに切れ味のよい「まとめ」を入れると、受講者全体が目的を思い出し、教室全体がまたひとつになっていく効果もあります。

少し話がそれてしまうかもしれませんが、私たちが学生時代に受けてきたテストも本来は学力を確認するための手段であったはずが、いつの間にかテストのために勉強するようになってしまいました。これは「手段の目的化」と言い、日常的にも人生においても常に生じうる現象です。研修も例外ではありません。

受講者に持ち帰らせたいのは研修の目的の達成であるにもかかわらず、研修が進むにしたがい、目先の方法論に意識を奪われたり、そもそも何のための研修なのかが、わからなくなったりしてしまうのです。

たとえば、頭で理解したことがどれくらい身についているか、実践における課題を確認する手法としてロールプレイングがあります。受講者同士でペアになり、営業とお客様役に分かれて現場さながらの商談を行ってもらう場合などがあります。

ところがこのとき、多くの方がミスなくきれいにまとめようとしてしまうのです。結果、準備したセールストークを丸暗記したり、棒読みしたりするなど、日ごろ絶対に行わないような商談が展開されてしまうことになります。

さらには、お客様役も営業がうまくやれるように通常ではありえない素直な応対を演じ、相手が詰まったり窮地に陥ったりしないようにアシストしてしまうのです。こんななロールプレイングでは、行う意味がまったくありません。

こうならないように、「何のための研修なのか」を常に受講者に意識してもらうことも必要です。そのためには、折に触れ何度も研修の目的を伝えることです。このことを目的のリマインドと言います。

どんなに力を込めて伝えても、一度で相手の意識に深く刺さることは稀です。しかし、反復・継続して伝えることで、徐々に、そして自然に、心の深い部分に沁みわたっていくのです。

ただし、いくら反復と言っても単純に何度も伝えればいいというものではありません。人は同じことを何度も言われると、だんだんそれを感じにくくなってくるものです。以下のような工夫がお勧めできます。

㋐研修の冒頭でしっかりと目的を意識させる。
㋑その目的をより「ジブンゴト」として落とし込むため、目的に絡んだ現状の問題を、受講者同士で情報交換してもらう。

㋒研修を構成する各コンテンツでは、最後を必ず目的に着地させる。

たとえば「新人営業パーソンとして自信を持つ」が目的であれば、グループワークであれ、ロールプレイングであれ、あるいはレクチャーであれ、どんな単元であっても「自信」につながるフレーズで締めくくる。

㋓各コンテンツごとに受講者個人で自分の課題について考え、記述する時間をつくる。その際、必ず目的を意識させるようリードする。自分の考えを書くことが、より深く意識への浸透を促進する。

㋔グループワークやロールプレイングの開始前には、進め方のガイダンスを丁寧に行い、目的から外れないよう注意を喚起する。実施中は研修会場全体を見回りながらグループワークやロールプレイングの様子を観察し、目的から外れてしまっているグループや受講者を発見したら、

「研修の目的はなんでしたっけ?」

などと問い、できるだけ本人の意思で気づいてもらえるように促すことです。

グループワーク・ロープレのまとめ方

受講者を主人公にする運営方法（グループワーク・ロープレ）でもまとめ方が大切です。

いずれもフィードバックという最後の講師からのまとめ方一つで、効果に歴然とした差をもたらします。では、ここでフィードバック時に留意したいポイントを押さえていきましょう。

㋐研修テーマに着地する

グループワークにしろ、ロープレにしろ、盛り上がれば盛り上がるほど、ついついフィードバックも枝葉に入ってしまいがちになります。

たとえば、講師養成研修でロープレをしたとしましょう。そもそもロープレを通じて「10のテクニック」を体感するということが狙いだったはずなのに、その人のロープレが上手すぎるからこそ、「もっとこの事例のネタを広げたらおもしろいんじゃないか?」などといったフィードバックに流れてしまったりすると、本末転倒になってしまいます。

何のための研修なのか、目的に対してどうだったか、そんな骨太なフィードバックコメントを最後に入れることを忘れないようにしましょう。

㋑メモを取り、時間、発言、行動を拾う

プラスに作用するフィードバックコメントを出すには、メモを取っておくことです。たとえば、ロープレで、

「スタートから○分○秒後、○△というひと言が出ましたよね。あれをきっかけに相手の心がぐっと開きましたね。その結果、○分○秒後の相手役の○△という発言を引き出すことに成功していますね」

と話す。あるいは、ワークで

「○分○秒後、Aさんは B さんに、○○といった問題点に気づいたことを伝えていますよね。ところが、2人の間だけでその情報を握りつぶしたのかな? グループ全体に共有したのは○分○秒、つまり5分以上経ってます。その情報発信がもっ

と早ければ良かったですね」

といったコメントをするわけです。

そうすると、「ああ、この講師はよく見ていてくれているんだな」という信頼感も高まりますし、具体的なコメントにより納得感も倍増していきます。まずは、基本的なことですが、細かくメモを取る習慣をつけましょう。

㋒強みを伸ばす姿勢を軸にする

最大のポイントは、この3点目です。ここができるかできないかは、講師力の大きな差を生み出します。

というのも、講師を会社から任されるあなたのような人材は、基本的に仕事ができる、優秀な人材であることが多いものです。

じつはそこに落とし穴があるのですが、優秀な人ほど、「どうしてCさんはこれができないのかな?」などと、相手の欠点ばかりが目につくものだからです。

もちろん欠点を改善してもらうことは大切ですが、社内講師からのフィードバックがダメ出しの嵐だとしたらどうでしょう?

受講者はやる気をダウンさせ、結果、研修内容を現場で実践してみようという意欲も低下してしまうのではないでしょうか。それよりも、まず良い点を発見し、良い点を多くフィードバックしましょう。

その上で、改善点は最も重要と思われるものだけに的を絞り、

「ここが改善したら、さらに強みを伸ばすことにつながるよね」

という角度でコメントをしていくのです。

この姿勢を軸にすることが、フィードバックにおいて研修成果を高める最も大切なポイントと言えるでしょう。

コツ

学習ポイントをまとめ、そもそもの研修目的のリマインド、フィードバックの工夫で、受講者の頭の中をその都度スッキリ整理し、研修内容を落とし込もう。

講座3

ACT
——現場の行動化を支援する

よし、早速
実践していこう！
現場サポート
テクニック10
実践への第一歩を
踏み出させる方法

講座3
ACT
現場の行動化を支援する

ACT とは何か？

ここまで受講者を先導しながら研修内容を落とし込んでいく方法を確認してきましたが、この場面での受講者の心理はどのようなものでしょうか。恐らく多くの情報を与えられ、頭がモヤモヤしていたり、あれもこれもやらなければと混乱しているかもしれません。ややもすると、研修の前半部分はすでに忘れているかもしれません。

そもそも研修の本編を落とし込むことが研修の目的ではありません。ここまでも触れてきたように、研修の目的は受講者の行動を変化させることでした。それにもかかわらず、この心理状態のまま研修を終了してしまっては、研修の目的を果たすことはできそうにありませんね。

そこで、受講者の学習内容を定着させ、モヤモヤ感をすっきりさせ、現場で実践すべきことを明確にしていくことが必要です。このプロセスを「ACT（行動化）」と言います。

ACTは研修の総仕上げになるため、しっかりと時間を確保し、「忘れにくくする」こと、「現場実践につなげる」ことの二つを丁寧に行うことで、受講者の研修後の「現場での実践」を後押しすることにつながります。

テクニック⑨

記憶を定着させるティーチ＆ラーン

ティーチ＆ラーン

研修は上手に教えることが、目的ではありません。受講者が研修で学習したことを取り入れ、現場で行動が変わることが目的です。実際にどのような工夫をすれば、行動変容につながりやすいのでしょうか。

研修の最後は、単元ごとに必ず「復習」や「振り返り」の時間を確保することが大切です。理想的には、1日研修なら最後の1時間、2時間セミナーでも最後の15分は確保したいです。

研修最後の時間帯、受講者の頭の中は新しい知識や気づきが渦巻き、「あれもこれも大事だ！」と広がってしまっていることが多いものです。そこで、学習内容のポイントを改めて整理する時間をつくり、的を絞って現場で行動していくことのイメージをさせることが、行動変容への第一歩となります。

では、具体的にはどのように振り返りの時間を使うと効果的でしょうか。

「ティーチ&ラーン」という方法をご紹介しましょう。

読んで字のごとく、「ティーチ＝教える」ことで、「ラーン＝学習する」という方法です。人は学習したことの大半を24時間以内に忘れてしまいます。ドイツの心理学者、エビングハウスが研究発表した忘却曲線というのがあります。それによると「子音・母音・子音」から成り立つ無意味な音節を記憶し、その再生率を調べたところ20分後には42％、1時間後には52％、24時間たつと72％を忘れることもわかっています。

しかし、学習したことを24時間以内に誰かに聞いてもらうことで、その記憶を半分以上も保持できることもわかっています。だからこそ、研修の最後に「復習」として受講者に講師役になってもらい、学習ポイントを話してもらうことが大事になってくるのです。

では、「ティーチ&ラーン」をどのように進めればいいのでしょう?

たとえば、新入社員研修を4名1グループで研修を進めてきたとしましょう。講師がこれだけは持って帰ってほしいというポイントを4つに絞り、提示します。

・学生から社会人への切り替え
・企業は何のために存在するか
・マナーと信頼の関係性
・報連相のポイント

というようにです。この中からテーマが決まったら、グループでそれぞれ講師役担当パーツを決め、各3分間程度でその内容をレクチャーします。このとき、残り3名は受講者役になります。「ティーチ&ラーン」をはじめる前に、5分ほどレクチャーの準備時間を取るのですが、その時間中の受講者は、テキストを何度もパラパラめくったり、メモを追記したりと、真剣そのものです。講師が一方的に話す復習に比べて格段の集中力です。

つまり、受け身ではなく主体的に復習ができるからこそ記憶にも鮮明に残ります。すると行動変容につながりやすくなるわけです。これが「ティーチ＆ラーン」です。

「ティーチ＆ラーン」に取り組むときの留意点は、次のようになります。

㋐自分以外の人がレクチャーしているときは集中して耳を傾け、自分のための予習をしないように伝えておく。

㋑原稿をつくって準備するのは構わないが、レクチャーの際にそれを棒読みするのは禁止にする。

㋒3分と時間を決めたら、その時間を使い切ることをルールにする。1〜2分程度で終えることはルール違反とする。

㋓淡々と順番にレクチャーを進めるのではなく、受講者役の感想も話してもらう。その際はポジティブフィードバック（うまくできた点、わかりやすかった点のみの提示）を心がける。

㋔真剣に取り組んでもらう。うまくいかないときに照れてごまかしたり、勝手に中断されないように、事前に禁止事項として話をしておく。

「ティーチ&ラーン」など効果的な復習をすることで、受講者の頭の中は学習したポイントがスッキリと整理された状態になります。

コツ

行動変容の前提は、学んだことの記憶を定着させること。記憶定着に効果的かつ受講者が主体的に復習できる、ティーチ&ラーンの時間をつくろう。

テクニック⑩

実践への一歩を踏み出させる方法

ポイントを強調しておく

行動へ結びつけるためには、受講者の心を動かすことが肝要です。そのためには、受講者の心に何かを残すことを意識することです。

そこでこの研修で持ち帰ってもらいたい、これだけは実践すべきだというポイントを研修中に、あらかじめ何度も強調しておく工夫をしてみましょう。サブリミナル効果のように、受講者の心にポイントを刷り込むイメージです。強調の仕方はいろいろありますが、いくつか例を挙げてみましょう。

・**声の大小、高低、ゆっくり早く**

声の七色とも言いますが、変化をつけることで大事なことを大事なように話す強調の方法です。

・**姿勢や表情の変化、大きなジェスチャー**

視覚効果に訴える強調の方法です。表現力のある方が活用するとさらに有効に働きます。

・**キーワードを繰り返す**

・**間を使う**

大げさに表現するのが苦手な方は、大事なキーワードを何度も繰り返したり、キーワードを言う前にあえて「間」を空けることで、重要性を訴える強調が可能です。

少し話がそれますが、心理学的には、受講者の行動に最も影響を与えるのは文章の「語尾」とも言われます。研修中の自分の語尾はどのようなものが多いでしょうか。

一般的には「～するといいですよ」「～と思いますよ」といった曖昧な語尾を使われる方が多いと思います。初めは少し勇気がいりますが、本当に持ち帰ってもらいたいポイントに関しては、

「～をやってください！」

「～すぐやることです！」

と最後に「！」をつけて言い切ることが大切です。講師が言い切ったポイントが、受講後のアンケート項目で印象に残ったことや実践しようと思ったこととして、欄に記入されることの多さに驚くはずです。

ただし、言い切りが多すぎると研修全体が指示命令的な印象を与えかねません。そこで語尾は曖昧にすることをベースとして、ここぞというポイントのみをしっかりと言い切ることを試してみてください。

行動の絞り込みとフォロー

最後に「研修の着地」を決めていきます。具体的には、「現場実践行動」もしくは「現場実践課題」といった項目で、受講者自身に現場で実践することを決めてもらいましょう。その際のポイントは、あれもこれもにならないように原則は一つのみ、多くても三つに絞り込みます。

余談になりますが、なぜ多くても三つなのかと疑問を持たれた方もいらっしゃることでしょう。これは、脳の仕組みによります。私たちも日々の業務において余裕がなくなるときがないでしょうか。

これは脳は大きい作業も小さい作業も1項目としてカウントし、一般的には7項目を越えるとオーバーフロー、つまり余裕がなくなるという状態に入るそうです。ちなみにこの項目はキャパの大きい人で10項目、キャパの小さい人で3項目だそうです。

言い換えれば、3項目以内であれば、落ち着いて行動に移せるということです。

これを研修の着地に置き換えると、多くの研修内容をあれもこれも実行しようとすると、いわゆる余裕がなくなってしまい、手につかない、行動に移しにくくなるというわけです。だからこそ、最大でも現場実践すべきことは三つまで、原則一つで良いので絞り込むことが重要なのです。

その自分で決める内容は、マナー研修であれば、笑顔を意識する。販売力強化研修であれば、しっかりお勧めする。そんな些細な一つでも構いません。そのたった一つの新しい行動によって、何らかの自分の中や周囲の変化を少しでも感じ取ることができるのであれば、それが次の行動への呼び水となり、次々に活性化していくからです。

ただ、このすべきことを決めるだけでは、まだ不十分です。それは「決めたことを忘れる」「決めたけどやらない」という落とし穴があるからです。

忘れることに関しては、決めたことを明文化し、机の前やよく開く手帳のページなどに貼りつけ、自分にその決めたことを意識させ続ければ良いのですが、意識が高い一部の受講者を除いて、残念ながらその他大勢の受講者はたとえ簡単なことでも、なかなか実行に移せないものです。

一般的には、実行しようと決めたことをすぐ実行できる人は、5人に1人です。その後も継続的に実行し続けられる人は20人に1人とも言われます。その20人の1人は間違いなく、この研修をきっかけに大きく成長され、パフォーマンスを高めていける人です。

ここまで、研修に参加された全員がその1人になってもらうために、講師としてどのように研修を進めていけば良いかを確認してきました。しかし、研修後の実践責任については、残念ながら講師が負うことはできません。

そこに手を打つのであれば、現場の上司に一役買っていただく他ありません。研修実施そのもののみならず、研修内容を現場の上司に報告することを通じて、現場での上司の後押しやサポートを引き出す、そのための運営サイドからの根回しなど、仕組みとして研修前後の現場との連携策を講じておくことも肝要だということです。

また、研修として何か手を打ちたいということであれば、効果的なのは、事前にフォロー研修を設定しておくことです。

たとえば研修から数カ月後に皆で集まる機会をつくる。といっても、また新たなノウハウを学習しなくていいのです。

「現場実践行動」をきちんとやったか？　やったことがどのように成果につながったのか？　と言った情報共有、意見交換の場をつくることです。それにより、「きちんとやらなくては！」と緊張感が高まり、がぜん行動変容の度合いが高まってきます。

フォロー研修は1回目と同じメンバーが望ましいですが、日程調整がむずかしい場合は、地域や部門ごとに分かれて開催するのもいいでしょう。

タイミングとしては1～2カ月後がお勧めです。間隔が短いと「また研修があるの？」となりますし、逆に長いと間延びして冷めてしまっている恐れがあるからです。

またフォロー研修の際は、極力事前課題を出しましょう。「前回の研修で学んだことを実施してみて」という簡易なテーマのレポートで十分です。これも強力な行動の促進要因となります。私たち講師は、たった1回の研修で成果を出そうと力みすぎないことが大切です。

1回の研修がいわば「点」だとしたら、研修とフォロー研修という「点」と「点」

を結びつけ、1カ月という「線」で研修をデザインする、受講者の行動変容を狙うイメージを持つといいでしょう。

コツ

> 「強調」によりポイントを何度も刷り込もう。そして行動の絞り込みとフォローにより、受講者の行動変容を着実なものにしていこう。

講座4

SEE

——修正し、研修の質を高める

自分の研修を
修正する

受講者の学びを
修正する

講座4
SEE
修正し、研修の質を高める

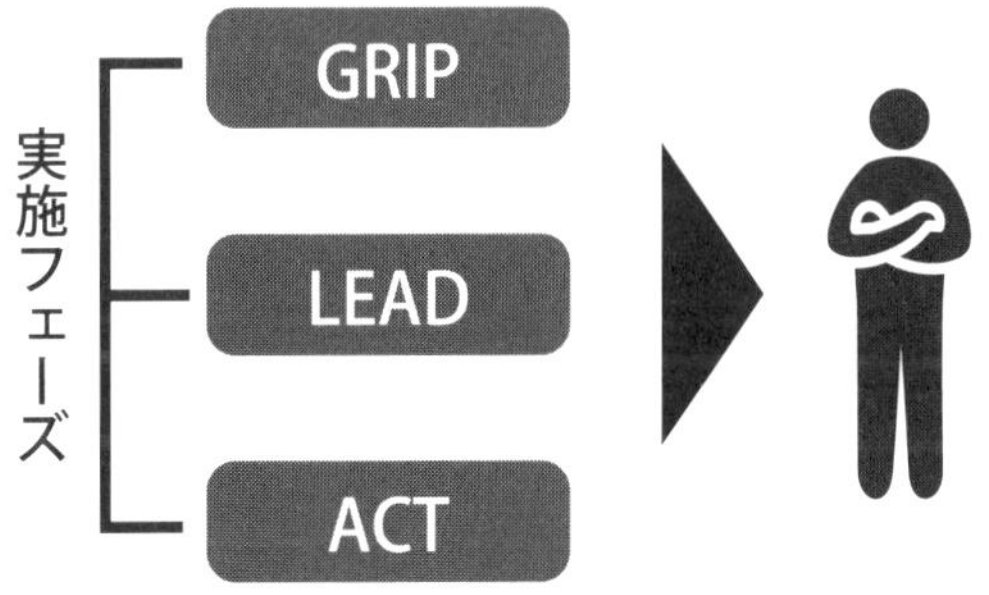

SEEとは何か?

ここまでの3つの講座を通じて、研修の実施フェーズを確認してきましたが、研修は形のある製品と違い、形のないサービスにあたります。

製品であれば、生産後に品質検査、品質保証を経て品質を担保された製品がお客様によって消費されます。それに対して、サービスは生産と消費が同時であるため(生産した瞬間にお客様に消費される)、リアルタイムに品質を担保していく必要性があります。

講師には、受講者が学びの修正と自分の研修への修正の二つを押さえ、研修というサービス品質を安定・向上させていくことが求められます。このプロセスを「SEE(修正)」と言います。

特に受講者の学びの修正では、その都度、受講者の進捗や理解度を確認しながら、解説に厚みを持たせたり、時にはワークを活用して深めていくなどの、研修中での修正が求められます。

ここでは、少しイレギュラーなケースとして受講者の学びを阻害しやすい反抗的な態度の受講者への対応を考えていきましょう。

受講者の学びを修正する

失敗は受講者のせいにしない

もしも、研修が盛り上がらなかったり、終始受け身だったり、または反抗的な態度を取る受講者がいたとしたら、あなたはどのような気分になるでしょうか。

正直なところ、モチベーションが下がったり、嫌だなと感じたり、時には怒りすら覚えるかもしれませんが、それではいけません。

そもそもこのようになる受講者の態度の要因を考えてみましょう。もしかすると、上司からの研修への動機づけがなかった、現場で気に食わないことがあった、忙しい中での研修は勘弁してほしい、講師に何らかの違和感を覚えているのかもしれません。そんな中で、まず目を向けるべきは自律（講師が自分でコントロールできる）要因です。なぜならば、他律（自分には直接的にコントロールできない）要因に目を向けたところで、何も解決につながらないからです。

自律要因に目を向けた対応はいくつもあると思いますが、ここではその参考例を挙げてみましょう。

㋐「自分の研修導入を見直す」

社内講師のあなたに対して違和感を覚えたとするならば、講師として研修導入時における受講者に対する働きかけが適切ではなかったのかもしれません。改めて、自分自身の研修運営や言動を見直す良いチャンスとして活かすことで、反抗的な受講者は減っていくものです。

㋑「気にせず運営する」

受講者を無視するということではなく、「この反抗的な態度も、いずれ変化するはずだ」と信じ、平常心を保ちながら、自分の研修運営に注力します。逆に、その態度を気にしすぎると、研修運営がぶれやすくなり、結果として、その態度を助長することにもなりかねません。

ウ「その場で叱る」

反抗的な態度が、明らかに他の受講者に悪い影響を与えている場合には、一旦研修を中断して、みんなの前で本人を叱ることも必要です。叱ると言っても、いきなり怒鳴ってはいけません。

本人は無意識にそのような態度を取ってしまっていることもあるので、初めは優しめに指摘し、変化が見られなければ、だんだん厳しくしていきます。

その際、他の受講者には「ちょっと待っててください」と、ひと言配慮することと、叱った後は何事もなかった（尾を引かない）ように、これまで通りの研修運営に戻ることがポイントとなります。

私はこの方法をよく使いますが、時にはその受講者から「はっきり叱ってもらえたのは初めてです、ありがとうございます」と感謝されることもあります。

㊁「休憩時間に話し合う」

みんなの前で叱られた受講者にも言い分があるかもしれませんので、叱った後の休憩時間などでマンツーマンで、事情やその態度の背景を聴いてみましょう。

個別で話してみると、その反抗的な態度は他律要因に起因しているケースも多いものです。そのようなケースでも、本人には「研修も業務である」ことをしっかりと伝え、仕事中の態度としてどうなのかを自覚してもらうことが大切です。

もし、その他律要因を放ったままにしておくと、今後、その受講者の変化は見込めません。直接的にコントロールはむずかしいものの、間接的には働きかけることはできるはずです。その点は、次のコーナーで確認していきましょう。

大切な受講者、上司、研修事務局の連携

受講者の反抗的な態度の要因が他律の場合、講師による直接的な働きかけだけでは、根本的解決にならないことが多いものです。そこでひとりで抱え込まずに

受講者本人、その上司、研修事務局と連携を取りながら進めることが大切です。

イレギュラーな状況が起こる前に、いざというときに、どのような対応をすべきかを研修事務局と決めておくとよいでしょう。

私の場合、あるお客様の事務局との間で、あまりに態度が悪く、変化の兆しの見られない受講者がいたときは、研修の途中でも退室させて構わないという許可をもらっています。その後、上司に受講者の態度とその対応を報告し、上司から指導してもらうという流れを決めていました。

そのためいざというときは迷うことなく、毅然とした対応をすることができました。その決めごとを明確にせず、講師の独断で受講者を退席させてしまったとしたら、後のトラブルの元になりかねません。

つまり、その受講者の今後の成長につながる研修を実施するには、講師のみならず、上司や研修事務局とタッグを組むことが求められます。

受講者に少しでも前向きに研修に参加してもらうためには、研修へ送り出す上司が、その受講者へどのような働きかけをするかも大きなポイントです。

あるお客様は、研修前に上司と受講者が個人面談を行い、本人の課題は何か、今回の研修では何を学ぶのかを明確にした上で、「しっかり学んでこい、帰って来たら研修の報告を待っている」と背中を押してくれています。

その結果、そのお客様の研修では、これまで反抗的な態度で臨む受講者は見たことがありません。

また、研修がはじまってからも、気になる態度などがあれば、すぐ研修事務局に相談を仰ぐことも重要です。早めに相談することで、自分が研修運営中でも、研修事務局が職場や上司へ連絡し、普段の業務状況や近況を把握することができます。その状況を把握しないまま、その受講者を講師が一方的に叱りつけたらどうなるでしょうか。

受講者は、この講師は現場を知らない、大上段から偉そうに言うなど、ますます反抗的な態度になりかねません。まずは相手を知ることが信頼関係のスタートとなるのです。

また、反抗的な態度の受講者を叱った後の対応として「休憩時間に話し合う」ことを確認しましたが、そもそも叱る前にマンツーマンで話し合うことも一つの手です。他律要因による反抗的な態度であれば、その背景をしっかりと聴くことを通じて講師は味方であることを認識してもらうことで、態度が変化することもあります。

つまり、イレギュラーな状況への対応も大切ですが、イレギュラーな状況が生まれるのには、何らかの背景があることを認識して、前もって手を打つことを心がけたいところです。

コツ

受講者の学びの修正、特に反抗的な受講者に対しては、その背景を理解し、相手に寄り添った懐の深い対応を行っていこう。

自分の研修を修正する

アンケートから学ぶ

「研修が終われば講師の仕事も終わり」というわけではありません。アンケートをとり、研修内容の改善策を練るとともに、研修の結果、どのような成果が期待されるのか、また、課題などを報告書にまとめるなどの重要な仕事が残っています。そこで、ここでは、研修終了後に行うことを解説します。

初めに研修終了後、受講者に配るアンケートについてみていきましょう。

そもそも受講アンケートを実施する目的とは、どのようなものでしょうか。ズバリ言うと、「研修品質の向上」にあります。つまり、自分の研修の改善点を見出し、次の研修の機会に反映させていくためです。

ただし、アンケートを読んだだけでは、書かれていることの真の意味をくみ取ることはできません。

研修で教えられたことや、学習を通して体得した気づきは、自分の中で振り返って考えて、現場に持ち帰ったときに初めてその真意に気づくようなことも多くあります。成果が出るまでしばらく時間がかかるからです。

研修が終了したばかりのタイミングで、ぱっと書いてもらうアンケートは、研修終了後のもやもやした感情を引きずるようなこともありますし、その場の雰囲気や気分を反映しやすいので、真実を投影したものになっているとは限りません。

また、一般的に、アンケートの解答にはポジティブなものが多いと言われています。新人講師ほど、自分の講師力に自信がないのでポジティブなフィードバックがもらえればうれしいものです。

けれど、それがそのままポジティブな意味とは限りません。受講者には遠慮があって、きつい意見をストレートに書きにくいので、オブラートに包んだ表現にすることが多くあるのです。そこで可能な限り、受講者の本音を引き出すために、アンケートの設計を工夫することが重要です。

具体的に言うと、アンケートには大きくわけて、選択式と記述式の2種類があり、この組み合わせによって研修品質の向上に役立つ意見を引き出します。

傾向は選択式アンケートで分析する

選択式のアンケートは複数の選択肢を用意し、研修の満足度やコンテンツの人気などの相対的な傾向を分析します。

解答をフリーワードにしておくと、個人個人の感じ方の違いを反映した意見が聞ける半面、傾向値を分析しにくいのに対して、解答を限定することで傾向が数値として見えやすくなるわけです。

具体的には、次のような使い方があります。

㋐段階による選択

コンテンツの評価などを質問するときに効果的です。たとえば、「今回の研修は役立ちましたか？」といった質問をしたいときに、「役立った」「だいたい役立った」「どちらでもない」「あまり役立たなかった」「まったく役立たなかった」といったように段階を設定して選んでもらいます。

段階の設定は、5段階ぐらいにするのが適当です。

㋑選択肢からの選択

複数の選択肢を用意しておき、選んでもらう方法です。たとえば、「講師の印象を教えてください」という質問にしたとき、フリーワードにしてしまうと、答えがバラバラになり、あまり参考にはなりそうもありません。そこで、「信頼できる」「近寄りがたい」「親しみやすい」「厳しい」「明るい」など、解答を限定するという方法です。

㋒受講者の属性を特定する質問

年齢、性別、職種、階層、採用経緯など、属性を特定する質問です。他の質問項目とクロス集計することで、属性ごとの傾向値を導き出します。

アンケートは基本的に、同じものを使い続けることが前提です。出席者や開催時期が異なる研修で毎回、同じアンケートをとり、データを蓄積することで精度が増すからです。

とはいえ、年数が立てば不要になる情報と新たに必要になる情報がそれぞれ出てきますので、まったくつくり変えないわけにもいきません。

そこで、めったに変えない固定した項目と、そのときに手に入れたい情報によって柔軟に変えることができる個別項目をそれぞれ設定するとよいでしょう。

記述式アンケートで本音を引き出す

記述式アンケートは、データとして蓄積しにくい半面、思いもよらない意見が得られるなど、研修の改善に大きなヒントをもらえることがあります。また、講師や研修事務局がまったく気づかなかった点を指摘されるなど、参考になることが非常に多くあります。

とはいえ、研修終了後に短時間で書いてもらうアンケートには、深く考えたものではなく、その場で思いついたことを書くケースが多くあります。それが受講者の本音かどうか判断は困難です。そこで、なるべく本音に近い話を引き出すためには、次のような工夫が必要です。

・アンケートへの協力を丁寧にお願いする

受講者にはアンケートを記入しない自由もあります。書いてもらうことに感謝の気持ちを忘れず、丁寧な依頼を心がけましょう。

・選択式と記述式をバランスよく組み合わせる

記述式の項目ばかりだと書くのが面倒になり、おざなりな回答になりがちです。記入する意欲をそがないように、選択式の質問も適度に入れましょう。

・記述の枠はやや狭めにする

記入欄が広いと、たくさん書かなければならないようなプレッシャーを与えてしまいます。記述する意欲を減退させないために、あえて狭く設定します。

・今後の活用シーンを具体的に問う

こういった項目への記入がしっかり書かれていることは、研修に満足している受講者が多いという指標になり得ます。

・記入時間を正規に確保する

アンケートへの記入も研修のうちと認識してもらうことで、しっかりとした回答を得られやすくなります。逆に研修終了後に書いてもらうと、講師へのボランティアサービスでアンケートに記入しているという意識になるので、真剣に答えてくれない可能性が高くなります。

したがって、アンケートの記入時間を正規のプログラムとしてしっかり時間割の中に組み込み、定刻の10分ぐらい前には、研修本編を修了するようにしましょう。

報告書で振り返る

自分の研修を修正するために大切な二つ目の作業は、報告書の構成です。報告書には、研修事務局にとって耳の痛い話、あるいは、経営判断が必要になるような重い提案をしなければならないこともあります。

唐突に本題から入ると抵抗感が先に出てしまいますので、読み進めるうちに徐々に理解が深まっていくように構成し、提案の納得性を高めるようにしましょう。

具体的には、以下の構成にします。

㋐事象の指摘⇓プラス評価としての意見。

㋑研修を通じて観察された要改善面――事象の指摘⇓要改善としての意見・理由。

㋒これらの背景として推察される要因――組織風土、市場環境、全社施策・目標、労働環境など。

㋓研修を通して感じたことに対して研修内で対応したこと――効果が見られたこと、見られなかったこと。

㋔プラス面・要改善面を踏まえた今後の課題と対策

研修が終わって講師の大役を果たしたら、ほっと一息したいのが本音でしょう。まだ報告書を書かなければならないとかというと、気が重くなるのはわかります。しかし、報告書を作成することは、講師にとってもプラスになります。

まず、報告書をまとめるために、その日に実施した研修を丹念に振り返ることになるので、何より最適なリフレクションになります。

また、報告書に書くことがらを探すため、研修中の受講者の様子などを詳細に観察することになります。これにより物事を察知するアンテナが高くなり、気づきを得られる場面が多くなります。

報告書を作成するのは、研修事務局のためでもありますが、実は講師力を向上し、研修の品質を高めることにもつながっているのです。

報告書は自分のためでもあるのだと思って、ぜひ、前向きに取り組んでください。

日々のレベルアップ

研修講師となったら、毎日を有意義に使うことを考える必要があると思います。研修当日や研修に向けた準備をしているときだけでなく、普段の日にも学びの機会は溢れています。

何げなくやり過ごしてしまうような日常のできごと、身の回りで起こることに大きなヒントがあり、研修に役立つエピソードが見つかるからです。そうした日常の学びを吸収していくことは、研修講師としての仕事に大いに役立ちます。講師、濱野の事例で紹介しましょう。

私がある小売店の接客テクニックの研修を担当しているころのことでした。

その日は休日で、久しぶりの休暇をのんびり過ごそうと思っていたら、妻から「冷蔵庫を買いたいからつき合って」と言われて渋々、郊外の家電量販店に車で出かけたのです。

店に着くとさっそく冷蔵庫コーナーに行くのかと思いきや、妻はゆっくり店内を見てまわりながらオーディオ売場でしばし足をとめ、買うつもりもないステレオをしげしげ眺めています。思いあまって「冷蔵庫を買いにきたんじゃないのか」と促す私に妻は、「めったに来ないんだからゆっくり見てもいいでしょう」と不機嫌になるだけです。

これは時間がかかりそうだと思った私は、妻と離れてテレビのコーナーに移動。すると、ちょうどチャンネルはプロ野球中継で、巨人阪神戦がはじまったところです。実は、筋金いりのジャイアンツびいきなので、これはよい暇つぶしになりそうだと、テレビの前にどかっと陣取り、本格的に野球観戦をはじめたのです。

夢中になって観ていると、そこに、すっと一人の店員が近づいてきて、こう言いました。

店員「接戦ですねぇ」
私「ええ」

店員「お客様はどちらのファンですか?」
私「巨人です」
店員「僕もジャイアンツが好きなんですよ」
普通、店員が声をかけるときは、「お客様、何かお探しですか?」という感じで近づいてくるものです。ところがこの店員は、一切の売込みをかけるそぶりがありません。暇を持てあましていたこともあり、私はすっかり店員との野球談議に興じていました。
すると、そのうち話題が微妙に変わってきました。
店員「野球観戦はいつも自宅でテレビ派ですか?」
私「うん、そうね」
店員「たまには球場に行きたくなりません?」
私「家で十分だよ」
店員「じゃあ、あれですか、大画面で見ているとか?」
私「いやいや、普通の37型とかだよ」

店員「そうなんですか、いやいや、もったいない。野球観戦するなら大画面は、いいですよ。迫力が違いますから」
私「まあ、そうだろうね」

気がつくと、話題はいつの間にかテレビのことになっていたのです。このとき、店員は本当に雑談するつもりで近づいてきたわけではないことに気づきました。どう見ても休みの日に妻の買い物につき合わされている夫です。暇つぶしにテレビを見ているだけだということは、キャリアのある店員ならすぐにわかるでしょう。普通は、声もかけずに放っておくところだと思います。この店員のすごいところは、「ひょっとしたら興味をもってくれるかもしれない」と感じ取ったところです。

ただし、いきなりセールスをかけたところで無駄なのは、火を見るより明らかです。そこで、ちょっとした雑談の中からテレビに興味があるかどうか、それとなく感じとろうとしていたのでしょう。

彼の思わく通り、この時点で、「大画面に買い替えてもいいかな」とちょっと思いはじめていました。むろん、冷蔵庫を買うことになっていたので余計な予算はなく、このときは断念したものの、テレビを買うつもりなどまったくなかった心をくすぐることに成功しています。さらに、彼の接客テクニックに「してやられた」と思いつつ、決して嫌な気はしなかったのです。

この体験がそのときちょうど担当していた小売店の接客研修に活きたのは言うまでもありません。

研修に役立つヒントはいたるところにあります。仕事の合い間やプライベートで過ごしているときにもアンテナを常に立てておき、ちょっとした体験や身の回りで起きた出来事から研修に役立つことを何でも貪欲に吸収しましょう。

何もむずかしく考える必要はありません。物事には必ず何かしらの意図があります。「この商品はなんでこんな形をしているんだろう」「この店員はなぜ、そんなことを言うのだろう」「このテレビドラマはなんでこんな演出をしているのだろう」など、ふと気になったとき、そこに込められた誰かの意図を推測するのは楽しいものです。「どうしてそうなんだろう」という意図を探っていくと、そこに、研修に活かせるさまざまなヒントが見つかるはずです。

逆に、意外に使いにくいのが著名人や歴史上の偉人の格言やエピソードです。歴史に名を残した伝説の人物、立志伝中の経営者、スポーツやエンターテインメントで天才的な才能を発揮するスーパースター、こういう人たちの言うこと、生きざまには確かに大きな示唆に富んでいるものがあります。

けれど、ちょっと重すぎるのです。講師自身の血肉になっている言葉なら使う価値があるのですが、表面的な理解のまま安易に使うと違和感だけが残り、講師への信頼度を下げてしまいかねません。

ですからむしろ、「ちょっといい事例」のような卑近なエピソードのほうが受講者にとっても親近感がありますし、講師が伝えたい意図が素直に伝わりやすいと言えるのです。

コツ

研修アンケートの分析、研修担当報告書の作成を通じ、自分の研修品質を常に高めよう。そして、日々の生活からもヒントを学び、講師力を磨き続けよう。

講座5

SET

——真摯に徹底的に準備する

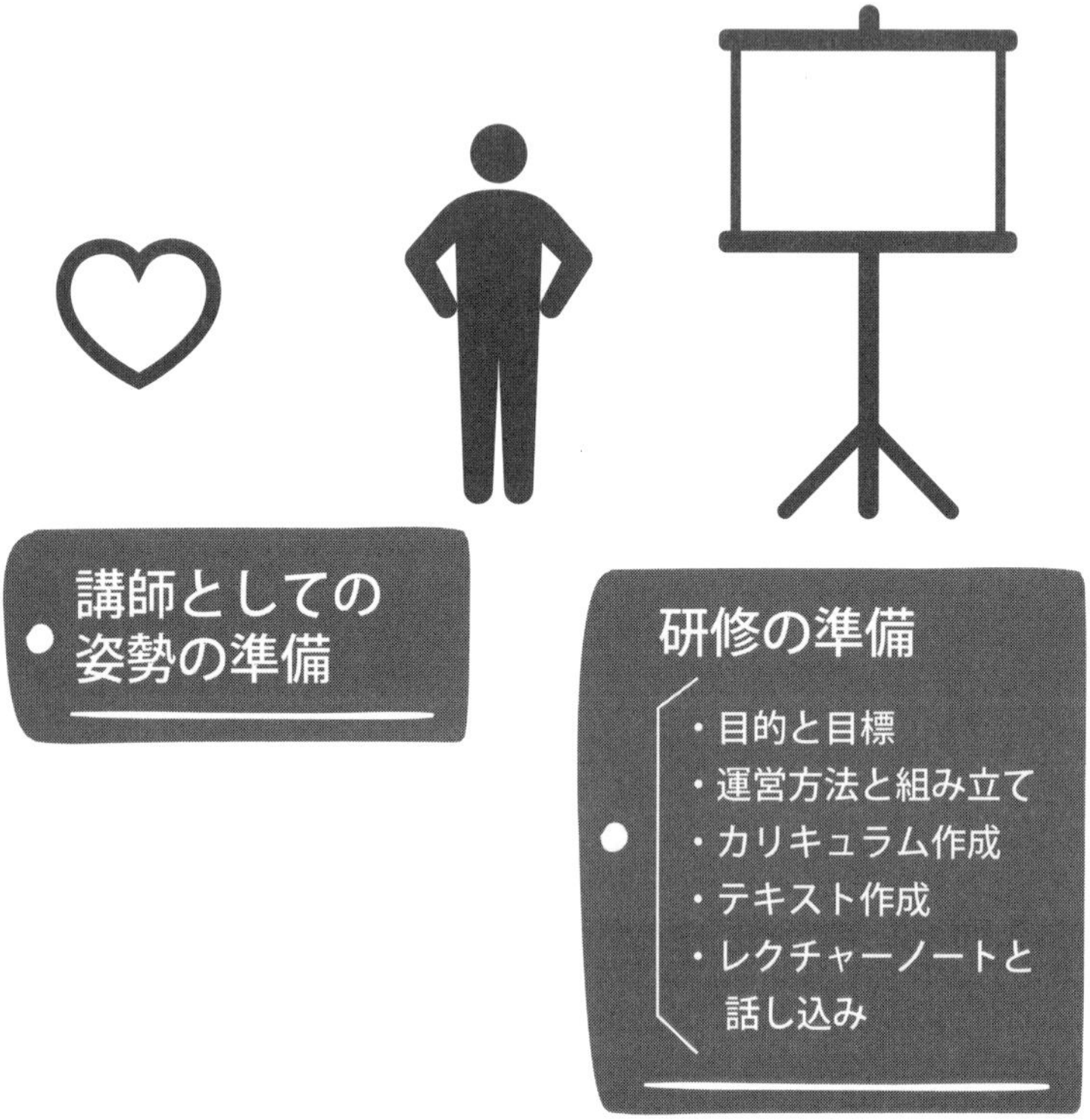
講師としての
姿勢の準備
研修の準備
・目的と目標
・運営方法と組み立て
・カリキュラム作成
・テキスト作成
・レクチャーノートと
話し込み

講座5
SET
真摯に徹底的に準備する

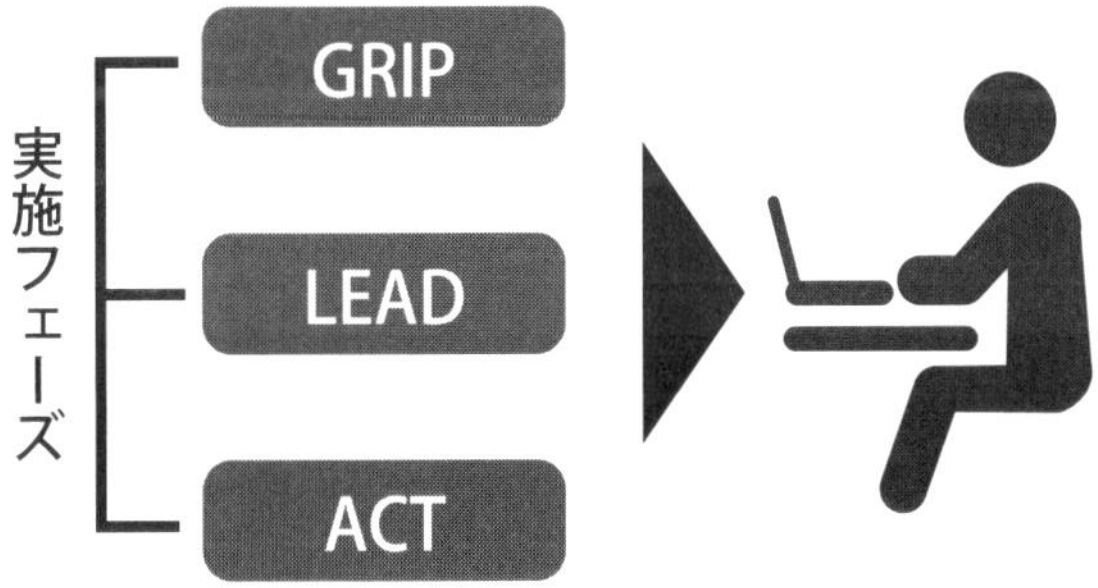

SETとは何か？

研修に入る前の準備段階を「SET（準備）」と言います。研修が成功するか否かは、この準備段階の「SET」からすでにはじまっています。いい研修を行うには、入念な「研修運営の準備」「講師として心の準備」が必要です。

どんなに腕のたつシェフでも、顧客の嗜好に合わせた素材を使って事前の仕込みを丁寧に行わなければ、よい料理はつくれません。だからこそ、優れたシェフほどお客様に合わせて素材を吟味し、入念に仕込みをするのですが、研修でも同じことです。

研修を成功させるには、受講者に合わせて最適な素材を用意し、丹念に時間をかけて練り上げていく仕込みの作業が、とても大切になるのです。

では、どのような手順で仕込んでいくと良いでしょうか。まずは、研修の目的と目標を決めます。いわば、受講者とともに目指す研修のゴールです。次に、研修の内容を組み立てます。内容を組み立てるときは、学習内容（コンテンツ）と、運営手法をいかに組み合わせるかが大切です。

本講義では、運営手法の組み立て方をご紹介します。その上で、カリキュラムとテキストを作成しますが、担当のコンテンツに不慣れな場合などは、レクチャーノートをつくり、読み込んでおくことをお勧めします。

また、こうした運営進行面だけでなく、講師として研修にのぞむ姿勢を整え、心の準備もしていきましょう。「はじめに」でも触れたように、講師の本質的役割に、常に立ち戻っていくことが大切になります。万全な準備で、最高の研修を目指しましょう。

研修運営の準備をする

研修の目的と目標を決める

研修には、研修事務局が意図する目的があります。たとえば、営業力を上げたい、コミュニケーション力を上げたい、商品知識を深めたいなどのテーマを与えられ、その目的を叶えるために講師は研修をセッティングします。

ここで注意したいのは、研修事務局から提示された目的をそのまま研修の目標に設定してはいけないということです。目的と目標、間違えやすい言葉なので念のために整理しておくと、目的というのは最終的に目指すところで、目標とは、目的を達成するために具体的にクリアすべき課題のことです。

たとえば、営業力を上げるという目的の研修だとしましょう。営業のAさんという人がいたとして、Aさんの営業力を上げることができるのは、誰でしょうか。Aさんの上司でもなければ、講師でもありません。営業力を上げることができるのは、本人だけです。

研修の目的は、受講者の行動を変えるきっかけをつくり、現場で困っていることを解決することにあります。仮に営業力の向上を目的としたときに、営業力が低い原因は何かを分析し、マナーが徹底していなくて取引先の心象が悪いためだと推測できたら、研修の目標は「取引先に好かれるマナーの重要性に気づかせる」になるわけです。

ただし、目標は一つとは限りません。営業力を上げるという目的を達成するために、よりよい目標を設定する、これも講師の腕の見せ場なのです。

受講者にとっても納得しやすい、チャレンジのしがいがある目標設定ができれば、その目標に到達するまでモチベーションを維持し続けることができます。

具体的な目標設定の方法ですが、目標というからにはマラソンのゴールテープのように、クッキリ鮮明であればあるほどよいと言えるのです。

実例を見てみましょう。この事例は、ある会社から依頼されたマナー研修で、対象者は営業職の新卒新入社員です。人事部からは「会社訪問時のマナーを徹底させたい」という依頼だったので、

「第一印象が勝負！　訪問マナーを磨き上げ、会社の顔としての役割を果たす」


というテーマに設定しました。テーマはあくまでテーマであり、目標とは異なるわけですが、あなたなら、この研修にどんな目標をイメージするでしょうか。

この研修のポイントは、社会人になりたてで得意先などへの訪問に不安を持つ新入社員が、明るく自信を持ってあいさつ回りができるようになることです。そこでこのテーマにおける目標を考えてみることにしました。

私が設定したゴールのイメージは、次の3段階でした。

■第1段階　良いマナーが相手に与える心理的好影響を理解できている。

■**第2段階**　ロールプレイングで名刺交換を体験し、マナーにおける自分自身の課題をつかめている。

■**第3段階**　課題を踏まえたトレーニングにより「わかる」を「できる」レベルにし、今後の訪問活動に向けた自信を持ちはじめている。

このように段階を踏んで研修終了までの状態をイメージできるように設定することで、受講者は、いま自分は何のためにこのワークをやっているのか、目標までどれくらい近づいているのかといったことを確認しながら、研修を進めることができます。

自分が今、取り組んでいることと目指す目標の整合性がとれて、かつ着実に目標に向かっていくイメージがつかめていることで、モチベーションが持続し、目標にたどりつくまで高い集中力を保つことができるわけです。

運営手法を組み立てる

次に実際の研修の中身を組み立てていきましょう。研修内容を組み立てるときに、考慮した二大要素は、「コンテンツ」と「運営手法」です。

コンテンツとは、研修テーマを実現するための具体的な「学習内容」であり、運営手法とは、そのコンテンツを受講者の心へどのように届けるかという「方法論」のことです。

また、「運営手法」には大きく分類して3つのパターンがあり、研修内容や受講者の状態により使い分けます。運営手法のパターンとその特徴は、次の通りです。

㋐レクチャー（L）――いわゆる「講義」です。基本的な知識やスキルを効率的に理解させることに有効ですが、受講者が受け身になりやすく、表面的な理解に留まってしまうという弱点があります。

㋑ワーク（Ⓦ）――ワークには、3種類ありました。テーマを与えて考える「グループワーク」、模擬ケースを用いて考える「ケーススタディ」、現場を想定したシチュエーションを設定し、役割を割り振ってシミュレーションする「ロールプレイング」です。

ワークでは受講者が主体的に考えたり動いたり、うまくできたり、失敗したりすることで、コンテンツを深く理解させ、体感させることに有用です。けれども講師がワークのまとめをしっかり行わないと単に話し合った、やってみたで終わってしまい、何を学び取ればいいのかが、曖昧になってしまう恐れもあります。

㋒リフレクション（Ⓡ）――日本語にすると「内省」です。研修で学んだことを踏まえ、自らの業務経験を振り返る手法です。失敗の原因を振り返り、今後の改善に活かす「反省」とは違い、自分の考え方・あり方までも含んで振り返るため、深い気づきや成長へのヒントも見えてきます。答えがない中で、道を切り拓く効果も期待できます。

これらを踏まえ、受講者の状況に合わせて運営手法をどうやって組み立てていくのか、一般的なケースを見てみましょう。

受講者が研修に対して前向きな場合――L→W→R

・レクチャーで効率的にリードし、
・ワークで理解を深め、
・リフレクションで自分ごとに落とし込む。

受講者の問題意識が低い場合――W→L→R

・ワークで考えさせたあと、講師の「まとめ」で気づきを与えて意識を高め、
・レクチャーのワークを展開することで理解を促進し、
・リフレクションで自分ごとに落とし込む。

多くの人が研修参加に後ろ向きの場合――R→W→L→R

・リフレクションで自身の現状を認識し、

・ワークで問題意識を持たせ、
・レクチャーで整理し、
・再度、リフレクションで落とし込む。

一度学んだがしっかり身についていない場合――W→R→L

・ワークで以前、学んだことを踏まえて、シミュレーションする。
・リフレクションでワークによる気づきを踏まえて現状を振り返る。
・講師のレクチャーで再確認する（まとめる）。

という組み立てが有用です。

カリキュラムを作成する

研修の目的・目標に向かい、コンテンツや運営手法の組み合わせが決まったら、カリキュラムを作成していきましょう。カリキュラムとはタイムスケジュールとも言われ、研修の大枠の流れと時間を記したもののことです。

カリキュラムを提出する義務はありませんが、今後、同じ研修を自分が実施する際のガイドラインにしたり、他の講師が担当する際の参考となります。

何より作成したカリキュラムと実際に実施した研修とを比較することで、研修運営の時間感覚を培ったり、自分の研修運営の修正のベースとすることもできるので、概要で構わないので作成することをお勧めします。

テキストを作成する

研修テーマから、具体的なコンテンツや効果的な運営手法を選択し、研修カリキュラムが完成したら、いよいよ参加者が実際に使うテキストの作成に入ります。

テキストのタイプについては、おおむね3つあります。

㋐詳細な情報が記載された参考書レベルのテキスト

復習した際に学んだ内容を細部まで確認できるメリットがある反面、テキストにすべてのことが書かれているため、講師のレクチャーに付加価値がなければ、読み上げるだけで終わってしまいかねません。その結果、「わざわざ研修しなくても、このテキストを配ってくれればよかった」ということになるリスクがあります。

㋑項目のみが記載してあるノートレベルのテキスト（レジュメ）

受講者が講師のレクチャーを聞かないと詳細がわからないため、必然的に講師の話に耳を傾けるようになります。また、後で振り返るときのために、受講者が空欄に自分が理解するためのメモを多く残すことで、記憶に残りやすいというメリットがあります。

反面で参加者の意欲に依存するため、やる気が低く、講義を上の空で聞いていたり、メモを残さなかったりすると、学びが得られないというデメリットがあります。また、講師のレクチャー力についても、相応のレベルが要求されることになります。

㋒参考書・レジュメタイプのミックス型

各コンテンツの重要ポイントを網羅しつつ、かつワークやリフレクションを踏まえたまとめや気づきを記載するメモ欄も多くとり、後で復習する際のポイントを押さえつつ、個別の振り返りにも有効なテキストです。

研修の時間や性格によって、テキストを使い分けるといいと思います。中でもお勧めなのはミックス型です。

ここでは、ミックス型テキストのつくり方について具体的に解説しましょう。テキストは参加者の気づきや記憶の定着を促進するための最重要ツールです。しかし、前述した通り、教える内容をあらかじめすべて書いてしまうと読み上げるだけになりやすく、その逆にキーワードだけ書いておいて、学んだことを受講者自身でメモするように促すと、マメにメモする人とそうでない人の差ができてしまいます。

そこで、インプットの仕方に工夫が必要です。具体的には、「穴埋め式」にすると有効です。「穴埋め式」とは、テキストの文章をすべて書いてしまわないで、重要ポイントをわざと空欄にしておきます。

講義を進める中で空欄の解答が示されていき、受講者が解答を書き込むことでテキストが完成するというものです。

人間は、空欄があると埋めたい衝動にかられる性質があります。「ここに入る文言はなんだろう」という好奇心が自動的に湧くため、講義に集中しやすくなり、また、正解を知って穴埋めすることで、納得感を得やすく、理解も促進される効果があるのです。

朝の情報番組などで、ニュースのキーワード部分をわざと隠し、効果音とともにめくりながら解説をしている光景をよく見ます。ついつい引き込まれて最後まで観てしまうことに気づいたことはないでしょうか。あの演出には「穴埋め式」と同じ効果があるのです。

穴埋めの設定には、いくつかのコツがあります。

①受講者に考えさせたい文言を空欄にする。

②ストーリーのある文章にし、文脈から空欄を想像しやすくし、解答意欲を促進する。

③空欄の個数は適度に絞る。多すぎるとむずかしすぎて意欲を失ってしまう（納得度の高い回答を意識する）。

（実例）穴埋め問題

問題です。左記の例文の穴埋めはいずれも「マナー」が正解です。どちらのほうが正しい穴埋めを導きやすいでしょうか？

Ⓐ新入社員にとって大切なのは（　　）です。
Ⓑ知識に乏しい新入社員でも（　　）が、良ければ信用は得られる。

この問題の正解はⒷです。

Ⓐは、複数の正解が推測されてしまうことがわかるでしょうか。「マナー」としてもいいですけれど、「業務知識」とか、あるいは「素直さ」などでも違和感はなく、他の言葉でも代用できるので、受講者にとっては納得感が得られにくくなります。

これに対して、Ⓑは逆に「マナー」以外の解答は推測しづらく、「なるほど」と納得しやすい文章になっています。

穴埋め式のテキストづくりはコツをつかむまでがなかなか大変ですが、積極的にチャレンジしてセンスを磨けば、誰でもつくれるようになります。

レクチャーノートをつくり、読み込む

研修カリキュラムとテキストが完成すれば、研修に必要なツールはひと通り揃ったという段階まできました。しかし、「これで準備はできた」と安心するのは、まだ早いかもしれません。研修内容を完全に自分のものにするまで練り込むプロセスが必要です。

私自身が新米講師の頃、できあがった研修ツールを前に並べてひと通りシミュレーションをやってみて、「だいたいできたな」という段階で実践に臨み、何度も痛い目に合いました。

本来なら、壁に向かって何度もしゃべりこみをし、言いよどむところや、わか

りにくいところがあったら言い方を変え、セリフがスムーズに口から出るようになるまで何度も修正してつくり上げていくべきものです。

そこで経験がまだ浅い社内講師であれば、各コンテンツで話す内容の骨子を文言化したレクチャーノートが有効です。

言いよどんだところや、わかりにくいところがあったらレクチャーノートを更新していくことで研修内容が練りこまれていくとともに、なぜこの話をするのか、自らその本質に気づくことも多いからです。

レクチャーノートのつくり方は、コンテンツごとにＰＲＥＰ話法を活用して「〜とは」「なぜ」「たとえば」で組み立てるのがコツです。また、細部に凝りすぎるより骨子がシンプルでしっかりしている方が、理解も早く自分のものにしやすいと言えるでしょう。

具体的な事例で、レクチャーノートづくりの実際を見てみましょう。

（例）コンテンツ：売れる営業パーソンに共通することとは（営業の黄金律）？

㋐売れる営業パーソンに共通することとは、何でしょうか？　それは「自分がしてほしいことを相手にしてあげる人」だということです。具体的には、まず相手が実現したいことを聞き出し、共有し、その実現を阻害する要因を探り出して、一緒に解決するお手伝いをすることです。

㋑なぜ、このような営業パーソンが売れるのでしょう？　それは鏡の法則が働くからです。

営業パーソンとしては自分が売る商品・サービスの良さをわかってほしい、相手に理解してほしい。そのためには「これ、いいですよ、ぜひ、買ってください」ではなく、自分が先に相手を理解しようと努めます。

人は「自分を理解してくれる人」のことを進んで理解しようとします。ですから営業パーソンに理解された顧客は、今度は営業パーソンの勧める商品・サービスを積極的に理解しようとするので、自ずとその良さに気づき、買ってくれるようになるのです。

㋒たとえば、私が建築条件付きの分譲地を見学した際、営業パーソンは一切家を売りませんでした。そして、家族や子どものことについて熱心に耳を傾け、その中から「子どもが喘息なので、空気のいいところに住みたい」という課題を共有しました。

その後は都心から離れたこの分譲地周辺の豊かな自然の話で盛り上がり、「どんな家を買おうか」を決めるより先に、「ここに住もう」が決まっていました。


どうでしょうか。レクチャーノートづくりの感覚を理解いただけましたか。

経験を積むとレクチャーノートを離れ、テキストにメモをするレベルでも十分、伝えられるようになります。それまではひたすらしゃべりこみによって腕を磨きましょう。

ここで注意が必要なのは、レクチャーノートを使って読み込むということは、話す内容を丸暗記することとは違うということです。私自身、新米の頃はレクチャーノートを丸暗記していましたが、一度、間違えた途端、元の文脈に戻れなくなってしまい、頭の中が真っ白になって研修中にフリーズしてしまったという失敗体験があります。

単に覚えるのではなく、完全に理解するまで頭に叩き込むことで、イレギュラーな事態になっても変幻自在に対応し、本来の研修の主旨をブレさせずに進行することができるのです。

コツ

研修の目的と目標の設定→運営手法の選定→カリキュラムとテキストの作成→レクチャーノート作成。この手順で、自信の持てる運営準備を行おう。

COLUMN

会場選定・設営にこそ気を使おう

研修の内容だけではなく、会場の選定、設営も研修品質を保つのに、とても重要です。

私が駆け出しの講師のころのことです。あるとき40人ほどが参加した研修で、教室形式の会場で講義をはじめました。教室形式というのは、学校の授業スタイルと一緒で、教壇に向かって机が一列に並んでいるスタイルです。一般的なスタイルですが、会場の広さを考慮していなかったことが失敗でした。

何の問題もなく研修が進んでいたものの、時間が進んでくると会場の前列と後列の受講者に明らかに集中力の違いが見られることに気づいたのです。けれど、私にはその理由がわからず、受講者のやる気に差があるだけだろうと思い込んでいました。

研修の終盤になってくると後列の受講者の集中力はいっそうと低下し、中には居眠りをする人までではじめました。さすがに注意しようと会場をゆっくり一周しながらそれとなく後列に回り、ふと教壇側を見た瞬間、私はハッとしました。会場が狭く、天井も低いため、後列からだと前が見えづらいのです。試しに、空いた席に座ってみたら、前の人の頭に隠れてホワイトボードの下半分が見えません。これでは学ぶ意欲がそがれて当然です。

研修に適した会場設営も講師の役割です。後ろの席に座ったときに前が見えにくいことぐらい、研修前に座って確かめればすぐわかったはずなのに、講師として恥ずかしいミスでした。

受講者は、講師や事務局など運営サイドがどれだけ研修の環境整備に心配りをしているか、敏感に感じ取っています。口に出すことはほとんどありませんが、不満があると研修への参加意欲も落ちてしまうのです。

会場設営の基本的な留意点は次の3点です。

㋐研修会場の選定——できるだけ大きい窓がある開放的な部屋がベストです。

閉鎖された空間は、人の心理を圧迫します。また、教室は狭すぎても広すぎても集中を阻害します。狭すぎるより広いほうがいいだろうということで、広めの会場を用意されることがよくあるのですが、ムダに広いと何となくそわそわと心が落ち着きません。

また、外部の施設をレンタルする際は会場の清潔感や設備に加え、施設の管理者がどんな人かということも重要なファクターです。「ホスピタリティ＝おもてなしの心」がある管理者のいる施設を選びたいところです。

㋑会場の設営――机を並べる際は、どの位置からでもホワイトボードやスクリーン、モニターを見やすく配置します。両サイドや最後部などに腰をかけ、文字が見えるか、首が疲れないか、光って見えにくくないかなどチェックします。席は詰めすぎず、余裕を持たせた配置にします。

講師席（演台）と受講者の距離は、離れすぎないように設定しましょう。物理的距離感が心理的距離感になります。机上はきれいに拭き、教材などの配布物は端を揃え、席の正面に並べます。

設営がすんだら最後に会場を丹念に見まわり、机やイスの並びがずれていないか、配布物の角はきちんと揃っているか、ゴミなど落ちていないかなど、細かく点検します。そんなちょっとしたことに講師や事務局の心遣いが現れますので気をつけましょう。

㋒備品の確認——会場設営で最も重要なポイントは空調です。会場の温度や湿度は快適な状態をキープできているかどうか、こまめに調整し、万全を期します。少々の暑さ、寒さだと我慢してしまう受講者もわりと多くいます。こちらが気づかないと我慢してもらうことになるだけではなく、研修の集中力を著しく減退させてしまいますので、注意しましょう。

プロジェクターの鮮明度、板書で使うペンの色合いのチェックも必須です。見えにくいとそれだけでコンテンツの理解度を半減させます。

研修の間、ずっと使うことになる椅子の品質にも気を使いたいです。決して上等である必要はありませんが、長時間使うだけに、ちょっとでも座り心地に違和感があると、研修への集中力を削いでしまいます。

クッションがヘタってお尻が痛くなってしまったり、ちょっと身をよじっただけで耳障りな軋み音がする椅子を平気で使っていると、会場設営に対する気遣いを疑われます。

特に、受講者が大人数の場合ほど、細かい配慮が欠けてしまうことがあるので注意しましょう。

備品の留意点はまだまだありますが、特に、空調・視覚・着座の快適性が基本中の基本です。まず、この3点を徹底するようにしましょう。

研修当日

会場設営　特に「机の配置」で研修の効果は変わる	
（例）スクール型	一般的には講義に用いるが、受け身になりやすい。
島型	一般的にはワークに用いる。グループの一体感がつくりやすい。
コの字型	一般には講義に用いる。お互いの顔が見えるため集中しやすい。
ロの字型	一般には会議に用いる。全員を参加させやすい。
円型	ロの字型よりフランクな雰囲気をつくりやすい。
机なし円型	机を外すことで、円型より距離感が縮まり、発言がしやすい。

講師として研修にのぞむ姿勢を整える

講師の本質的役割とは？

いくら教えるのが上手でも、どれだけ多くの知識やスキルを持っていても、それだけではよい研修にはなりません。研修では、講師自身の人格や考え方が大きくものを言います。

では、そのあり方はどこからくるのかと言えば、講師が自分の役割をどうとらえているかというスタンス、つまり、役割認識からきています。

もしあなたが、「講師とは知識や技術を受講者に教える人のことであり、そのために研修がある」と思っていたら大きな間違いです。確かに、講師は受講者に知識や技術を教えます。しかし、それは極めて表面的、作業的な受け止め方です。研修というものの本質を残念ながら、理解しているとは言えません。

講師に限ったことではなく、世の中のどんな職業においても、自分の役割を「作業的な面」から見るのと、「本質的な面」で見るのでは、大きな違いがあります。講師は、しっかり自分の役割を認識することで研修の品質が向上しますし、自分自身も成長できるようになります。

なぜ、そう言えるのでしょうか。

この謎をひも解くためには私たちが普段、無意識に行っている行動選択のメカニズムについて知ることが必要です。

私たちは自分の身の周りを包むさまざまな状況に対して、常に選択と行動を繰り返しながら生活しています。

たとえば、朝起きたときに歯を磨くか、体操をするか、すぐ朝ごはんを食べるかといった日常生活のことから、交渉相手を目の前にしたときに、どんな言葉や態度、アイテムを使って説得するのかといった高度なことまで、一瞬一瞬の中で常に次の行動を選択して実行するという連続で1日が過ぎ、1カ月が過ぎ、1年が過ぎ、そして、一生がつくられていきます。

つまり、私たちの人生は選択し、行動することの積み重ねで成り立っているとも言えるわけです。

その際、私たちが選択できる行動は、常に複数あり、どの選択肢を選んだかによって結果は変わってきます。ですから、生まれてから今までどのような行動を選択してきたかによって自分という人間が形成され、今後、どのような行動を選択するかによって未来も変わってくるのです。

とかく人は、「運が悪い」「運が良い」という言い方をしますが、実際には、その人の現在の状況は、自分自身の選択によってもたらされた結果にすぎません。

通常、私たちは、複数ある選択肢の中からベストと思われる行動を無意識的に選択しているものです。

しかし、選択の結果が必ずしも好ましい状況になるとは限らず、悪い方へ、悪い方へ行くことさえ稀ではありません。反対に、まるで神様に愛されているかのように、次々と幸運を引き寄せる人もいます。

なぜこのような違いが生まれるのでしょうか。

それは行動の選択に対して、個人個人にある種のクセがあるためです。

当たり前ですが、悪い結果になることを望む人はいません。みんなよい結果を招きたい。それにもかかわらず、いつも選択を誤ってしまうのは、行動を選択させている自分の中の判断基準に秘密があります。

判断基準とは、自分の行動選択を習慣化させている価値観のことです。つまり、質の高い価値観のもとで常に行動が選択されれば好ましい結果になりやすく、その逆に、質の低い価値観のもとで行動が選択されれば、好ましくない結果を招きやすいと言えます。

行動の選択の問題は、その人の人生全体を通して言えることですが、ここでは、研修講師として好ましい結果を得たいのであれば、「講師としての役割認識」をどう位置づけるかが非常に重要です。

講師という仕事は、研修を通じて受講者が現場で活躍できる支援を行い、その結果として自分のファンをつくる仕事だと思います。そうした自覚を自分の中にしっかり持っていることで、日々の行動選択が、正しく行われていくのです。

受講者の能力を信じる

研修講師が、受講者のどのようなところを見ているかも、とても重要です。つまり、受講者の能力をどのようにとらえているかということです。

「あの人は能力があるからできる」「私には能力がないからできない」などの会話をよく耳にしますが、残念ながらこのような能力観を持って研修を担当しても、決して受講者の行動変容、さらには受講者の成長にはつながりません。

たとえば、プロの野球選手で能力が高い人と言えば、よくイチロー選手が挙げられます。では、イチロー選手の能力が１００とした場合、あなたの能力はどれぐらいだと思いますか？

多くの人は、10とか20あればいいほうかなと弱気な発言をします。つまり、イチロー選手よりも能力がはるかに劣っていると言うのですが、果たして本当にそうなのでしょうか。

確かに、イチロー選手は野球という分野ですばらしいパフォーマンスを発揮し続け、誰がどう見ても最高の能力の持ち主であり、目に見えて発揮できる能力で言えば、イチロー選手と私たちでは雲泥の差であるかもしれません。

しかし、能力には顕在的能力と潜在的能力、すでに発動している能力とまだ発動していない能力があることを知っておくことも大事です。イチロー選手の場合は、厳しいトレーニングと実戦経験により、100ある能力を見事に顕在化させているだけのことです。

能力の「能」という字は、もともと磨いて伸ばすという意味がありますから、先天的なものではなく、後天的に自ら磨いて伸ばすものです。ですから、能力が「ある」「ない」という表現・考え方自体が間違っているということが、おわかりいただけると思います。

これは、ある小学校で実際に行った実験の話です。小学校5年生の1クラスを無作為にA班・B班に分けて、体育の先生がその両方の班に一輪車の乗り方を教えるという実験を行いました。

実験の前提条件として、その先生には生徒の能力に対する先入観を与えます。どういうことかと言うと、先生にはこう伝えます。

「A班は、比較的運動神経のいい子たちを集めました。B班は比較的運動神経のよくない子たちを集めました。ぜひ、3カ月間頑張って一輪車の乗り方を教えてください」

と。すると結果は、どうなるでしょうか。

3カ月後、A班はほぼ全員が一輪車に乗れるようになれます。それに対して、B班は、ほとんど乗ることができません。

なぜ、そうなったかというと、先生の指導方法に大きな差が出てしまうのです。たとえば、A班・B班の生徒が同じように、一輪車に飛び乗り、ペダルが半分回ったところでバタンと転んだとします。

同じ状況にも関わらず、A班の子どもに対しては、できるにちがいないと思っていますから、うまくできているプロセスのほうに目がいき、ペダルが半分回ったところをみて、「おぉ、半分回ったぞ。もう1回やってみろ」と指導することになります。

それに対して、B班の子どもには、ちょっとむずかしいかもしれないと思っていますから、できなかったという結果に目がいき、「怪我をすると危ないから、今日はもう辞めておきなさい」と指導することになります。

その結果、A班の生徒はできるまで練習を繰り返すのに対して、B班の生徒はある程度、練習をしてはやめる。A班の子は、ほぼ全員が乗れるようになりますが、B班の子はほとんど乗ることができないのです。

つまり、教える側が、能力があるから（運動神経が良いから）きっとできると思うのか、能力がないから（運動神経が良くないから）きっと無理だろうと思うのか、このような指導者の能力観が、指導方法とその結果に大きな差を生むことになるのです。

子どもの例でお話しましたが、これは大人も同じことです。研修講師という立場で仕事をするときは、「どの受講者も能力はある。そして、必ず成長する」というとらえ方ができるかどうかが、大きなポイントとなります。

しかし、楽観的にいつか成長するから大丈夫、と思っているだけではいけません。これは、あえてむずかしい言葉を使うとX理論、Y理論と言います。「X」というのは、字のごとくバツとかダメという意味であり、相手をそもそもダメな人、できない人ととらえて指導します。

それに対して「Y」というのは、イメージでいうと木の芽（双葉のこと）で、いつかは芽が出て、花を咲かしてくれると、とらえて指導します。

しかし、木の芽ですから、必ず成長すると信じていても、何もせず放っておくと枯れてしまいます。必ず成長すると信じて、光・水・肥料をきちんと与え続けなければなりません。

私たち講師は、「誰しもが能力を持っている。その能力を引き出すための条件（光・水・肥料）が整えば、必ず成長する」という心構えを持つことが、とても重要なのです。

条件を整える

そこでここでは、受講者の木の芽を成長させるために講師が整えるべき「条件」、つまり、受講者の行動変容へつなげるために講師として意識すべき点について補足しておきましょう。講師が意識すべきことは、次の4つです。

㋐共通目標を持つ
㋑相手を理解する
㋒首尾一貫で臨む
㋓言行一致で臨む

となります。

この4つについて、TBSで放送された青春ドラマ「ROOKIES」を事例に解説していきます。

物語としては、荒くれた野球部が甲子園を目指していくという話ですが、その荒くれた野球部を見てこれはダメだと思ってしまえば、彼らはずっとやさぐれていたことでしょう。

そこにやってきた新任講師の川藤幸一が何をしたかと言うと、まずは「共通目標」をつくります。それは、「甲子園に行く」ことではなく、彼が唱えたのは、夢を持ち、そこにチャレンジしていく生き方をしようというものでした。

最初、野球部の仲間たちは反発していますが、徐々に、チャレンジして夢を追い求めていくことに共鳴していく、それがスタートです。その具体的な共通目標の一つが、「甲子園を目指す」ということになります。

そして、相手を理解することに関しては、同じく川藤は野球部全員ではなく、一人ひとりに対して、まずは名前をフルネームで覚える。そして、彼らはどういう特徴があり、どういう背景があり、またどんな強みがあるかよく理解していきます。

その一つひとつの積み重ねにより相手の理解が深まっていき、相手を理解しようとするその姿勢が、川藤への信頼を深めていくということになります。

そして、首尾一貫で臨むには、常にぶれないこと。つまり、チャレンジして夢を追い求めている人に対しては精いっぱい応援する。夢を諦め、チャレンジすることを諦めた人間に対しては厳しく指導する。

また、言行一致で臨むに関しても、川藤本人が、自分の夢に向かってチャレンジし、自分の夢を持ち、チャレンジしている生徒を応援し続けていくことになるのです。

これらが整って初めて、不良と化した荒くれた野球部が甲子園を目指していくという物語です。

これを研修にあてはめて考えてみましょう。

共通目標を持つことについてですが、この1日の研修は何のために、どういうゴールへ向かっていくのか、講師と受講者が同じ認識で臨むことです。

相手を理解するについては、講師として受講者一人ひとりの名前を覚えることです。言行一致で臨むことに関しては、自分が言ったことはやっている、もしくはやろうとしていることが大切です。

たとえば、仕事を円滑に進める上で時間厳守が大事だという前提で、「しっかり時間を守りましょう」と発言するのであれば、研修内での休憩時間や終了時間も守る。または、マナー研修を行うのであれば、自分の身だしなみも、しっかりと整えておくことは重要です。

言い換えれば、講師は有限実行である必要があります。

首尾一貫で臨むに関して言えば、AさんとBさんが同じ行動をしたときに、Aさんには優しく、Bさんには厳しいのではよくありません。こうした公平性のない対応をしていると、受講者からの信頼を得ることはできないからです。

この4つの条件を満たした上で「どんな人でも独自の能力を持っている。だからこそ、受講者の誰もが成長する」と意識して研修へ臨むことを忘れないでください。

コツ

講師は、単に知識や技術を教えるだけの存在ではない。受講者の生き方、働き方も含めた良きお手本であり、支援者であることを常に自覚し、軸のぶれない講師になろう。

おわりに

「これから研修を内製化にシフトしていきたいと考えています」

「今年度より研修を内製化するようにと役員より指示がありました」

これは人事・研修部門のご担当者からここ最近よく聞く言葉です。ただ、研修会社も、人事・研修部門も内製化に関して決して前向きではなく、

「コストカットのためでしょ。社内でやってもうまくいかないよ」

と思っている方がまだまだ多い気がします。

研修内製化の本当の目的はコストカットなのでしょうか？

それを考える前に、研修会社という立場で社内研修の企画と運営のサポートを

しながら私たちがいつも疑問に感じている「5つのなぜ？」を列挙したいと思います。

・なぜヒト・モノ・カネの3つの経営資源の中で、最も大事と言われている「ヒト」を扱っている人事・研修部門が他部門から見たときに頼られる存在（各部門のハブの存在）になっていないのだろう。
・なぜ研修＝外部講師が前提なのだろう。
・なぜ研修を企画するときの対話の相手が現場からではないのだろう。
・なぜこのテーマ・内容の研修を外部講師にお願いしているのだろう。
・なぜ、いつも研修後のアンケートは満足度ばかり気にしているのだろう。

もし、この5つのなぜ？　が職場で当たり前のように起きているとすれば、研修内製化の本当の目的を理解されていないのかもしれません。

すべての会社は、お客様へ貢献できることは何か？　を考え、それをより多くのお客様へ効果的に届けるために経営戦略の構築・マーケティング戦略の構築、研究・商品開発を行っています。

もちろん、これらは他社との競争優位性を保つために重要な資源となるため自社の社員が多大な時間（労力）とお金（投資）をかけて行います。つまり、内製化しています。これに対して「ムダだ。何でアウトソーシングしないんだ」と唱える人はいないでしょう。

それでは、経営戦略、マーケティング戦略、研究・商品開発の源泉となる「人材開発」は、他社との競争優位性を保つための重要な資源ではないのでしょうか？

人材開発は重要な資源ではない、そこに無駄な時間とコストをかける必要はない、という選択をされて「研修＝外部講師」が、前提になっているのでしょうか？

決してそうではないと思います。

人事・研修部門のご担当者は、研修が社員の成長のキッカケとなり、その成長が職場や会社、そしてお客様への貢献につながってほしい。そのためには、研修の質を高めることが大切であり、研修の質を高めるには外部の優秀な講師にお願いした方がよいという選択をされ、研修＝外部講師が前提になっているのだと思います。

そして、それが当たり前になりすぎてしまい、研修の内製化と聞くと後ろ向きに考える方が多いのだと思います。

しかし、2008年のリーマンショック以降は、大手企業を中心に戦略人事を掲げ、キッカケはコストカットかもしれませんが、研修の内製化へ真剣に取り組む企業が増えてきました。

今では、社内講師認定制度をつくり、うまく現場の優秀な営業パーソンや技術者を社内講師として巻き込みながら研修の内製化に成功している企業も出てきています。


私たちは研修会社という立場で仕事をしながら、人事・研修部門がイニシアチブを取って行うこのムーブメントがコストカットのための一時的なもので終わるのではなく、他部門からも称賛され、継続してほしいと心から願っています。

それは、研修内製化の本当の目的は、「競争優位性を高める」「コア技術の継承」「人が育つ風土の醸成」であり、研修内製化がうまく機能しはじめると、人事・

研修部門が頼られる存在になり、研修を企画するときの対話の相手が現場に変わり、研修の評価が「満足度」から「行動変容度」へと変わると信じて疑わないからです。

しかし、「言うは易し行うは難し」です。限られた人的資源の中で、特に採用・育成・評価・労務管理のすべてを兼務しているご担当者が、すべてをゼロから構築していくのはむずかしいと思います。

そんなとき、私たちがお客様へできる貢献とは何か？　と考えて、約15年間、これまで業種・業界問わず約1000社以上・10万人以上に実施してきた研修運営ノウハウをお客様へお届けすることだと思い、今回の書籍の出版を決心しました。

研修内製化の成功の要因の一つに「質の高い研修の提供」があります。そのために講師力は必要不可欠となります。

今回は、受講者の行動変容につなげる「社内講師力」をテーマにそれを実践するために必要なスキルとノウハウをまとめました。

本書が研修の内製化をはじめるキッカケ、研修の内製化を定着させるためのツールになれば幸いです。

J－PRO事務局長　平野暢英

著者紹介

濱野康二三（はまの やすふみ）

研修歴15年（2016年現在）。アルテヴィジョン株式会社代表取締役、研修講師。担当する業界の歴史と未来を踏まえ、「今」最適な戦略の構築と実践を支援する。企業理念は、組織における教育の革新で社会の発展に貢献すること。

藤本剛士（ふじもと つよし）

研修歴15年（2016年現在）。イズムエデュメント株式会社代表取締役、研修内製化デザイナー。社内講師養成をはじめ、研修内製化の支援を数多く手がける。また研修エンターテイナーとして、主体的に学べる教育をいかに提供するかを追求し続けている。

窪田晃和（くぼた てるかず）

研修講師歴15年（2016年現在）、年間担当日数200日を超える。株式会社ザ・アカデミージャパンのエグゼクティブ・トレーナーとして、実践版レジリエンス研修では日本一の導入実績・評価を誇る。目標は、「熱い想い」の企業人事担当者や講師を巻き込み日本発の、世界に通用する研修プログラムを開発すること。

監修

J-PRO（一般社団法人日本プロフェッショナル人財開発支援協会）

J-PROは組織の人材開発に関するラボラトリー。企業内人材育成が、内製化に向けて大きく変わりはじめているのを受けて、J-PROでは、単純に従来アウトソーシングしていた研修を企業内で開発するということではなく、本来の内製化の目的「競争優位性を高める」「コア技術の継承」「人が育つ風土の醸成」に向かって活動中。

・人と組織の成長に想いを持つさまざまな立場の方が集まり、コ・クリエーションする場のデザイン
・人材開発のトレンド情報をシェア
・研修内製化のための考え方・知識・スキルの提供を行い、自社にフィットした人材開発のあり方とやり方をサポート

J-PROのホームページ　http://www.jpro.or.jp/

「社内講師力」トレーニング

2017年2月1日　第1版　第1刷©
2017年9月11日　　　　第3刷

著　者　濱野康二三　藤本剛士　窪田晃和

発行者　髙松克弘

発行所　生産性出版

〒150-8307　東京都渋谷区渋谷3-1-1
日本生産性本部
電話03(3409)1132(編集)
03(3409)1133(営業)

印刷・製本　シナノパブリッシングプレス
カバー＆本文デザイン　エムアンドケイ
編集担当　村上直子　米田智子

ISBN 978-4-8201-2038-4
Printed in Japan